KB185732

마음을 키워주는 마법의 질문 365

마음을 키워주는 마법의 질문 365

MaryAnne Kochenderfer 지음
안찬성 옮김

고래책빵

이 책을 읽는 아이들에게

『마음을 키워주는 마법의 질문 365』라는 책 속으로 여행을 시작하게 된 여러분을 진심으로 환영합니다.

여러분 자신에 대해 매일 조금씩 알아가는 것은 '나와 나의 삶'을 탐구할 수 있는 좋은 방법이에요. 이런 면에서 이 책은 여러분의 마음을 사로잡을 거예요. 이 책을 통해 여러분은 '내가 누구인지'와 '내가 어떤 사람이 되고 싶은지'에 대해 곰곰이 생각할 수 있는 시간을 갖게 될 거예요.

이 책은 365일 동안의 '나 알기'를 위해 365개의 물음(1일 1물음)으로 구성되어 있어요. 여러분은 매일 하나씩 '나 알기'를 위한 물음에 답을 하면 되는 거예요. 아마도 여러분 자신의 타임캡슐을 만들고 있다는 느낌이 들 거예요.

이 책을 시작하고 활용하는 시기는 따로 정해져 있지 않아요. 언제부터 시작하겠다는 여러분의 마음에 달려 있어요. 한 해를 시작하는 1월 1일부터 시작할 수도 있고, 학년을 시작하는 3월 1일부터 시작할 수도 있어요. 혹은 방학이나 2학기에 시작할 수도 있어요. 중요한 것은 여러분이 이 책의 '나 알기' 물음에 솔직하게 답을 하면서 여러분 자신과 자신의 삶을 진심으로 이해하려는 마음가짐이에요. 이러한 마음가짐은 자기 자신을 사랑하고 존중하는 데 도움이 될 뿐만 아니라 다른 사람을 사랑하고 존중하는 데에도 도움이 될 거예요.

여러분이 이 책을 활용할 때 도움이 되는 몇 가지를 알려 줄게요.

★ 이 책은 여러분이 완성해야 할 여러분의 책이에요.

★ 이 책은 '나 알기' 또는 '내가 누구인지 알기'를 위한 기록장이라고 할 수 있어요.

★ 이 책은 하루 동안의 겪은 일, 생각, 느낌 등을 적는 일기장과는 조금 달라요.

★ 이 책을 항상 책상 위에 올려놓으세요.

★ 이 책의 '나 알기' 물음에 답하는 시간을 정하세요. 학교 수업을 마치고 집에 오자마자 해도 좋고, 저녁을 먹고 잠자기 전에 해도 좋아요. 중요한 것은 매일 하나씩 일정한 시간에 규칙적으로 하는 거예요.

★ '나 알기' 물음에 답하는 것을 숙제라고 생각하지 마세요. 나를 알아가는 여행을 하고 있다고 생각하세요.

★ '나 알기' 물음은 여러분 자신에 관한 모든 것 –희망, 꿈, 추억, 성장, 기쁨, 슬픔, 과거, 현재, 미래 등– 을 생각하도록 도와줄 거예요.

★ 365개의 '나 알기' 물음에 답을 다 하는 순간, 이 책은 완성된 거예요. 완성된 책을 친구나 가족에게 보여 주고, 타임캡슐에 보관하세요. 먼 훗날에 나만의 역사가 되어 있을 거예요.

이 책은 원문을 살리면서도 우리 현실에 맞춰 번역했으며, 특별히 한국어판에만 마음을 키워주는 실천 TIP이 추가되어 더욱 알차게 꾸며졌어요. 아무쪼록 여러분이 『마음을 키워주는 마법의 질문 365』라는 책 속으로의 여행을 무사히 마치고 나서 "나에 대해 많은 것을 알게 되었어. 이런 나를 사랑하고 존중할 거야"라고 말할 수 있기를 진심으로 바랄게요.

2024년 9월

안 찬 성

차 례

첫째 달

글쓰기는 숲속에 나 있는 길을 걸어가는 것과 같아요.
길을 따라가세요. 길을 잃을까 봐 걱정하지 마세요.
그냥 길을 걸어 보세요.

동화 작가
잰 브렛(Jan Brett)

Day_001

나를 미소 짓게 하는 세 가지는 뭘까?

Day_002

나에게 가장 소중한 사람은 누구일까?
내가 그 사람을 소중하게 여기는 까닭은 뭘까?

Day_003

내가 가장 재미있게 읽은 책은 뭘까?
내가 그 책을 재미있게 읽은 까닭은 뭘까?

Day. 004

내가 좋아하는 옷차림은 뭘까?
수수한 옷차림일까, 아니면 화려한 옷차림일까?
내가 그 옷차림을 좋아하는 까닭은 뭘까?

Day. 005

내가 어렸을 때
가장 기억에 남는 일은 뭘까?

Day. 006

내가 슬펐을 때
그 슬픔을 달래기 위해
무엇을 했을까?

Day. 007

내가 가장 좋아하는 날씨는 뭘까?
비 오는 날씨, 더운 날씨…?
내가 그 날씨를 좋아하는 까닭은 뭘까?

Day. 008

내가 모험 이야기 속의 주인공이라면,
내가 할 수 있는 모험은 뭘까?

Day. 009

내가 올해 더 잘하고 싶은 일은 뭘까?
내가 그 일을 잘하기 위해
어떤 노력을 해야 할까?

Day. 010

내가 도움이 필요할 때
누구에게 가장 먼저 도움을 요청해야 할까?
내가 그 사람에게 먼저 도움을 요청해야 하는 까닭은 뭘까?

Day. 011

내가 방을 새로 꾸민다면
벽지는 무슨 색깔로 할까?
내가 그 색깔을 고른 까닭은 뭘까?

Day. 012

어제 나의 하루 생활 중에서
가장 좋았던 세 가지는 뭘까?

Day. 013

나에게 가장 특별했던 선물은 뭘까?

Day. 014

내가 반려동물을 기른다면
가장 기르고 싶은 동물은 뭘까?
내가 그 동물을 기르고 싶은 까닭은 뭘까?

Day. 015

내가 가장 좋아하는 친구는 누구일까?
내가 그 친구를 좋아하는 까닭은 뭘까?

Day. 016

내가 평온한 시간을 갖기 위해
무엇을 하면 좋을까?

Day. 017

내가 좋아하는 실외 활동에는
어떤 것이 있을까?

Day. 018

내가 좋아하는 실내 활동에는
어떤 것이 있을까?

Day. 019

내가 가장 가고 싶은 곳은 어디일까?
내가 그곳에 가고 싶은 까닭은 뭘까?

Day. 020

내가 우울했을 때
기분을 바꾸기 위해
어디에서 무엇을 했을까?

Day. 021

나에게 가장 기뻤던 일은 뭘까?
내가 그 기쁨을 누구에게 알렸을까?

Day. 022

내가 애완용 금붕어를 기른다면
금붕어의 이름을 무엇으로 할까?
내가 금붕어의 이름을 그렇게 정한 까닭은 뭘까?

Day. 023

내가 지금까지 살아오면서
소중하게 여긴 것은 뭘까?

Day. 024

나를 불안하게 하는 것은 뭘까?

Day. 025

나를 신나게 하는 것은 뭘까?

Day. 026

내가 좋아하는 과일은 뭘까?
내가 좋아하는 채소는 뭘까?

Day. 027

나의 좋은 점은 뭘까?
나의 싫은 점은 뭘까?

Day. 028

내가 영화를 만들 수 있다면
영화의 내용을 무엇으로 할까?

Day. 029

내가 가장 좋아하는 만화 주인공은 누구일까?
내가 그 만화 주인공을 좋아하는 까닭은 뭘까?

Day. 030

내가 가장 좋아하는 소리는 뭘까?
물소리, 빗소리, 웃는 소리…?
내가 그 소리를 좋아하는 까닭은 뭘까?

질문과 함께하는 성장형 사고방식 ①

건강한 몸과 마음

건강의 중요성

건강은 어린이에게도 매우 중요해요. 건강을 잃으면 모든 것을 잃는다는 말도 건강이 그만큼 중요하기 때문이에요. 여기에는 몸뿐만 아니라 마음의 건강까지 포함돼요.

어린이가 건강한 몸을 가꾸는 건 어른이 되어서도 건강하게 살아가기 위해 꼭 필요한 일이에요. 어린 시절 몸이 건강하지 못하면 어른이 되어서도 완전한 건강을 되찾기가 힘들어요. 몸은 어느 순간 한 곳이 약해지면 다른 곳에까지 연쇄작용을 일으키기 때문이에요.

마음의 건강 역시도 어린이 때부터 가꾸어야 해요. 마음이 건강하지 못하다는 건 나쁜 것에 관심을 두는 일을 가리켜요. 약한 친구를 괴롭힌다거나 친구들과 자주 싸운다면 마음이 건강하지 못해서 그래요. 마음이 나쁜 것에 물들면 벗어나기가 쉽지 않아요. 그러다 보니 어른이 되어서도 계속 나쁜 일에 관심을 두게 돼요.

몸과 마음은 따로인 것 같지만 그렇지 않아요. 하나로 연결되어 주고받으며 서로 영향을 끼쳐요. 몸이 건강하면 마음도 건강하고 마음이 건강하면 몸도 건강해지는 관계예요. 건강한 몸에 건전한 마음이 깃든다는 말이 이런 사실을 알려줘요.

어린이는 무한한 가능성을 지녔어요. 큰 가능성만큼 얼마든지 건강한 몸과 마음을 가꿀 수 있어요. 건강한 어린이는 결국 건강한 어른으로 자라나요. 몸과 마음이 건강하면 더 훌륭한 일을 하고 더 행복한 삶을 살 수 있어요.

몸과 마음이 건강하려면

• 꾸준한 운동만큼 몸에 좋은 건강법은 없어요.

자기가 축구를 좋아한다면 친구들과 꾸준하고 즐겁게 축구를 하면 돼요. 달리기를 좋아하는 어린이라면 꾸준히 달리기를 하세요. 어떤 종류이든 자기가 즐겁게 할 수 있는 운동을 꾸준하게 하세요. 어느 순간 키도 훌쩍 자라고 멋진 몸매도 만들어져요.

• 음식을 골고루 먹으세요.

사람은 음식을 통해 몸의 균형을 유지해요. 몸이 균형을 이뤄야 건강한 몸이에요. 몸의 균형을 이루는 데는 많은 영양소가 필요해요. 그런데 음식마다 지닌 영양소가 달라요. 편식을 한다면 다양한 영양소를 섭취할 수가 없어요. 음식을 가리지 않고 골고루 잘 먹어야 하는 이유예요.

• 규칙적인 생활습관도 건강에 매우 중요해요.

사람의 몸에는 하루 24시간에 맞춘 생체 시계가 있어요. 생체 시계에 맞춰 생활해야 몸이 건강해지고 활기차게 돼요. 생체 시계는 밤이 깊으면 자고 해가 뜨면 움직이도록 설계되어 있어요. 당연히 생활이 생체 시계에 맞춰질 때 몸이 건강해져요. 세 살 버릇 여든까지 간다는 속담이 있는 것처럼 규칙적인 생활습관이 어린이 때 몸에 배도록 하세요.

• **몸이 지칠 때는 충분한 휴식을 취하세요.**

몸이 지쳤다는 건 에너지를 쏟아내어 충전이 필요하기 때문이에요. 에너지가 없는데도 계속해서 공부를 한다면 학습 효율도 오르지 않고 에너지만 낭비하여 몸이 축날 수밖에 없어요. 그러니 몸이 힘들면 휴식을 취하면서 골고루 먹어 충분한 영양소를 섭취하세요.

• **건강한 몸을 가꾼다면 마음의 건강도 따라와요.**

건강한 몸을 가꾸면서 학교생활을 잘하고 친구들과 사이좋게 지내면 마음은 더 건강해져요. 또 늘 긍정의 마음으로 작은 것에도 감사해하고 행복을 느낀다면 건강한 마음을 언제까지 가꿀 수 있어요.

마음을 키워주는 마음가짐의 기술 10가지* ①

나 자신을 고맙게 여기기

나 자신을 고맙게 여기는 것은 아주 중요해요. 나 자신의 장점을 잘 알고 있을 때 다른 아이들에게 당당히 다가설 수 있어요. 이들은 나를 멋진 아이로 여길 거예요.

• 나 자신의 장점을 나타내는 낱말을 생각해봅시다.

- 이 낱말들을 메모지에 적어 놓으세요.
- 하루에 3개의 낱말을 선택하세요.
- 하루 동안 선택한 3개의 낱말에 대해 생각해봅시다.
- 내가 고른 이 낱말들은 엄청난 힘을 갖고 있어요. 나의 장점은 칭찬받을 만해요.

• 자신의 장점을 나타내는 낱말의 예

영리하다	유쾌하다	부드럽다	음감
친절하다	멋지다	운동감각	말솜씨
공손하다	우호적이다	귀엽다	다정하다
호기심	활기차다	활동적이다	공감적이다
존경스럽다	놀이	배려하다	미적 감각
즐겁다	공유하다	경청하다	

♥ 기억하기 : 나 자신을 고맙게 여기기.

Growth Mindset

지금 여러분이 해야 할 일은
'여러분 자신이 누구인지' 알아가는 것이에요.

'Wonder(아름다운 아이)'의 작가
팔라시오(R. J. Palacio)

여러분은 이 책의 '나 알기' 물음에 답을 하면서 여러분 자신에 대해
많은 것을 알게 될 거예요. 알게 모르게 여러분의 대답은
'누가 여러분에게 가장 중요한 사람인지'와 '무엇이 여러분에게 가장 중요한 것인지'를
보여 줄 거예요. 이 책의 주인공은 바로 여러분이에요!

Day. 031

지금 내 기분을 한마디로 표현하면 뭘까?
기쁨, 행복, 슬픔, 짜증…?
내가 그런 기분을 느끼는 까닭은 뭘까?

Day. 032

내가 가장 싫어하는 소리는 뭘까?
천둥소리, 자동차 소리…?
내가 그 소리를 싫어하는 까닭은 뭘까?

Day. 033

친구의 화를 달래기 위해
내가 무엇을 하면 좋을까?

Day. 034

내가 지금 학교에서
가장 좋아하는 것은 뭘까?

Day. 035

내가 지금 학교에서
가장 싫어하는 것은 뭘까?

Day. 036

나와 가장 친한 친구는 누구일까?
그 친구의 좋은 점은 뭘까?

Day. 037

내 방의 창문 밖을 내다볼 때
보고 싶은 것은 뭘까?

Day. 038

내가 어릴 때 가장 좋아했던 장난감은 뭘까?
내가 지금도 그 장난감을 갖고 놀 수 있을까?

Day. 039

내가 아침에 일어났을 때
가장 먼저 하는 일은 뭘까?

Day. 040

내가 밤에 잠들기 전에
마지막으로 하는 일은 뭘까?

Day. 041

내가 어른이 되었을 때
하고 싶은 취미 활동은 뭘까?

Day. 042

내가 어른이 되었을 때
갖고 싶은 직업은 뭘까?

Day. 043

내가 발명가라면
무엇을 발명하고 싶을까?

Day. 044

내가 여행할 때 무엇을 타고 가는 게 좋을까?
기차, 비행기, 배…?
내가 그것을 타고 싶은 까닭은 뭘까?

Day. 045

내가 지루함을 느낄 때
지루함을 달래기 위해 무엇을 했을까?

Day. 046

내가 화가 났을 때
나를 진정시키기 위해
무엇을 해야 할까?

Day. 047

내가 교문 밖으로 나설 때
무엇을 볼 수 있을까?

Day. 048

내가 주로 하는 집안일은 뭘까?
내가 하고 싶은 집안일은 뭘까?

Day. 049

내가 가장 좋아하는 보드게임은 뭘까?
내가 그 보드게임을 좋아하는 까닭은 뭘까?

Day. 050

내가 가장 즐겨 하는 스포츠는 뭘까?
내가 그 스포츠를 즐겨 하는 까닭은 뭘까?

Day. 051

내가 좋아하는 음식은 뭘까?

Day. 052

내가 우유 팩을 활용해서
무엇을 만들면 좋을까?

Day. 053

내가 할 수 있는
친절한 행동에는 뭐가 있을까?

Day. 054

내가 어른이 되면 어디에서 살고 싶을까?
도시, 바닷가, 산골…?
내가 그곳에서 살고 싶은 까닭은 뭘까?

Day. 055

내가 즐겨 하는 취미 활동은 뭘까?

Day. 056

나를 큰 소리로 웃게 하는 것에는 뭐가 있을까?

Day. 057

나의 생활 습관 중에서 버려야 할 것은 뭘까?
내가 그 습관을 버려야 하는 까닭은 뭘까?

Day. 058

내가 한 일 중에서
가장 보람 있었던 일은 뭘까?

Day. 059

나에게 걱정거리가 생기면
누구에게 도움을 청할까?

Day. 060

나는 언제 가장 행복할까?

질문과 함께하는 성장형 사고방식 ②

자존감

자존감이란?

자아존중감(self-esteem)이라고도 하는 자존감은 자기 자신을 존중하고 사랑하는 마음이에요. 자존감이 있는 사람은 스스로 자신이 소중한 존재임을 인식하고 자신을 믿으며 생각하고 행동해요. 자존감이 없는 사람은 스스로 자신을 소중히 여기지도 않으며 낮게 평가하고 자신은 안 될 거라는 부정의 마음에 지배당해요.

자존심이나 자신감을 자존감과 같은 뜻으로 생각할 수 있지만, 이 둘과 자존감은 달라요. 자존심은 상대와의 비교를 통해 상대에게 자신을 높이려는 마음이지만 자존감은 남과는 관계없이 자기 자신을 아끼는 마음이에요. 자신감은 자기 자신에 대한 존중이라기보다는 자신이 하려고 하는 일이나 도전에 대해 긍정적으로 생각하는 마음이에요.

자존감이 높으면 어떤 실수를 하거나 어려움이 닥쳐도 포기하거나 좌절하지 않아요. 늘 자기를 믿고 어려움이나 문제를 해결할 수 있다고 생각해요. 자존감이 언제나 자신감과 긍정의 마음을 갖게 하고 척척 문제를 해결하도록 하기 때문이에요. 반대로 자존감이 낮다면 늘 열등감에 사로잡혀 어려운 문제는 회피하고 쉽게 포기하고 좌절하게 돼요. 스스로 자신을 존중하지 않으니 자신감도 없고 안 된다는 부정의 마음만 가득해서 생기는 일이에요.

자신을 존중한다면서 자기가 남보다 우월하다고 생각하거나 자기만이 최고라고 생각하는 건 자존감이 아니라 자만이에요. 지나친 자만심은 자존감이 없는 것만큼이나 건강한 성장에 도움이 되지 않아요.

자존감은 무엇보다 마음의 방향이 형성되는 어린이 시기에 갖추는 게 중요해요. 한 번 형성된 마음은 바꾸기가 어려워요. 그러므로 어린이 여러분은 지금부터 자기를 존중하고 사랑하는 마음을 키워가세요. 그러다 보면 자존감 높은 사람으로 성장할 수 있어요.

자존감을 높이는 방법

• '나는 소중한 사람이야!' '나는 나를 사랑해!'와 같은 말을 반복해 보세요.

자신을 응원하는 말을 벽에 써 붙이고 매일 반복해서 읽는다면, 자신을 소중히 여기고 사랑하는 마음이 커지게 돼요. 이런 말을 반복하는 건 훈련과도 같아요. 처음엔 어색하지만, 차츰 자기를 사랑하는 마음, 자존감이 높아져 가요.

• 자신이 어떤 사람인지 생각해 보고 그대로 인정하세요.

자신이 어떤 사람인지 가만히 생각해 보세요. 그리고 자신이 어떤 사람이라는 생각이 들면 그대로를 인정하세요. 혹 부정적으로 생각되더라도 나쁘다고 생각하지 마세요. 자존감은 자신이 어떻든 그걸 인정하고 그런 자신을 소중히 여기는 데서부터 시작해요.

• 친구와 비교하지 마세요.

사람은 모두 다른 만큼 나는 세상에서 오직 한 사람이에요. 세상에서 유일한 사람인 나는 누가 됐든 그 자체로 소중한 존재예요. 이렇게 소중한 나를 남과 비교하지 않고 자신을 소중히 여기다 보면 자존감이 높아져요

• 친구들의 평가를 너무 의식하지 마세요.

자기 삶의 주인은 자신이에요. 남들의 평가를 의식하지 말고 자기 스스로 평가해 보세요. 소중한 존재로서 나는 어떤지 스스로의 평가에 귀를 기울여 보세요. 자존감은 높아지고 나는 더욱 소중해져요.

• 안 좋은 기억은 지워버리세요.

과거에 실수했거나 잘못했던 일이 계속해서 마음에 남아 있다면 자존감이 떨어질 수 있어요. 그런 기억은 하나의 경험으로 생각하며 빠르게 잊어야 해요. 안 좋은 기억에서 벗어나 인제는 잘할 수 있다고 스스로 안아 준다면 자존감이 높아지고 진짜 잘할 수 있게 돼요.

• 친구들도 나처럼 소중히 여기세요.

자존감이 높은 사람은 절대 남을 무시하거나 업신여기지 않아요. 자존감은 나를 소중히 여기면서 남도 소중히 여기는 마음이에요. 상대도 소중하다는 생각으로 존중하고 배려한다면 자신도 존중받으며 자존감이 높아지게 돼요.

마음을 키워주는 마음가짐의 기술 10가지 ②

일이 예상대로 되지 않을 때라도 평정심 유지하기

일이 계획대로 진행되길 바라지만 그렇지 않을 때가 있어요. 이러할 때도 평정심을 유지해야 한답니다.

- **일이 항상 내 방식대로(혹은 내 계획대로) 진행되지 않을 수도 있어요.**
  - 계획은 내가 원하지 않더라도 바뀔 수 있답니다.
  - 사람들은 실수하기 마련이에요.
  - 모든 사람이 내가 원하는 방식대로 일하는 것은 아니랍니다.
  - 내 계획대로 일할 때도 있고 그렇지 못할 때도 있어요.

- **일이 계획대로 진행되지 않더라도 짜증을 내거나 고함을 질러선 안 돼요.**

  예) 나는 영화를 보러 가길 원하지만, 친구들은 게임을 하고 싶어 해서 갈 수가 없다.
  - 나는 무엇을 해야 할까요?
  - 평정심을 유지하세요.
  - "다음에 가면 돼"라고 말해 보세요.

  예) 누나는 나와의 약속을 깜빡하고 잊어버려 약속 장소에 한참 늦게 도착했다.
  - 나는 무엇을 해야 할까요?
  - 평정심을 유지하세요.
  - "사람들은 실수하기 마련이야"라고 말해 보세요.

예) 내 친구는 오늘 나와 놀기를 원하지 않는다.

- 나는 무엇을 해야 할까요?
- 평정심을 유지하세요.
- "괜찮아"라고 말해 보세요.

예) 동생과 게임을 하다가 내가 졌다.

- 나는 무엇을 해야 할까요?
- 평정심을 유지하세요.
- "재미있는 게임이었어"라고 말해 보세요.

♥ 기억하기 : 일이 계획대로 진행되지 않더라도 평정심을 유지하기.

셋째 달

챔피언이란 강하거나 용감한 사람이기보다는
행동할 준비가 되어 있는 사람이에요.

'City of Death(죽음의 도시)'의 작가
로렌스 옙(Laurence Yep)

'나 알기' 물음에 대한 여러분의 대답은 소중한 추억이 될 거예요.
이 책의 주인공은 바로 여러분이에요!

Day. 061

내 이야기를
잘 들어주는 사람은 누구일까?

Day. 062

나의 건강을 지키기 위해 무엇을 해야 할까?

Day. 063

내가 지금 당장 하고 싶은 일은 뭘까?
자전거 타기, 숙제하기, 집안일 하기, 음악 듣기…?

Day. 064

내가 해야 할 일 중에서 뒤로 미루고 싶은 일은 뭘까?
내가 그 일을 뒤로 미루고 싶은 까닭은 뭘까?

Day. 065

내 친구들이 나를 좋아하는 까닭은 뭘까?

Day. 066

내가 지금 감사해야 할 것 세 가지는 뭘까?

Day. 067

내 가족의 좋은 점은 뭘까?

Day. 068

내가 다른 사람을 위해
할 수 있는 일에는 뭐가 있을까?

Day. 069

내가 가장 좋아하는 연예인(가수 또는 배우)은 누구일까?
내가 그 연예인을 좋아하는 까닭은 뭘까?

Day. 070

내가 반려동물을 기르고 있다면,
내가 외로울 때 그 동물과 무엇을 하면 좋을까?

Day. 071

내가 가장 좋아하는 방학은 여름방학일까,
아니면 겨울방학일까?
내가 여름방학(또는 겨울방학)을 좋아하는 까닭은 뭘까?

Day. 072

내가 힘들 때
진심으로 나를 위로해 줄 수 있는
사람은 누구일까?

Day. 073

내 기분을 가장 좋게 하는 사람은 누구일까?
내가 그 사람을 보면 기분이 좋아지는 까닭은 뭘까?

Day. 074

내가 친구들에게 관심을 표현하기 위해
무엇을 하면 좋을까?

Day. 075

내가 아플 때
진심으로 나를 돌봐 주는 사람은 누구일까?

Day. 076

나는 글로 된 책을 좋아할까,
아니면 만화로 된 책을 좋아할까?
내가 그 책을 좋아하는 까닭은 뭘까?

Day. 077

내가 알고 있는 식물 이름 열 가지는 뭘까?

Day. 078

내가 친구들에게 가장 소개해 주고 싶은 책은 뭘까?
내가 그 책을 소개해 주고 싶은 까닭은 뭘까?

Day. 079

내가 가장 즐겨 보는 TV 프로그램은 뭘까?
그 TV 프로그램의 좋은 점은 뭘까?

Day. 080

나는 주말에 일찍 일어나는 것을 좋아할까?
좋아한다면 그 까닭은 뭘까?
또는 싫어한다면 그 까닭은 뭘까?

Day. 081

내가 가장 싫어하는 음식은 뭘까?
내가 왜 그 음식을 싫어할까?

Day. 082

학교급식 시간에
내가 싫어하는 음식이 나오면
어떻게 해야 할까?

Day. 083

내가 동화책을 쓰고 있다면
주인공의 이름을 무엇으로 하면 좋을까?
내가 주인공의 이름을 그렇게 정한 까닭은 뭘까?

Day. 084

나는 거미를 좋아할까?
좋아한다면 그 까닭은 뭘까?
또는 싫어한다면 그 까닭은 뭘까?

Day. 085

학교에서 쉬는 시간에
무엇을 하면 좋을까?

Day. 086

내가 피로를 느낄 때
피로를 풀기 위해 무엇을 했을까?

Day. 087

나는 누구랑 대화를 가장 많이 했을까?
나는 그 사람과 주로
어떤 이야기를 나누었을까?

Day. 088

나는 누구와 대화를 하고 싶지 않을까?
내가 그 사람과 대화를 하고 싶지 않은 까닭은 뭘까?

Day. 089

내 생일날에 무엇을 하면 행복할까?

Day. 090

여름방학 때 무엇을 하면 행복할까?

질문과 함께하는 성장형 사고방식 ③

호기심

호기심이 없다면?

호기심은 인간과 다른 동물을 구분 짓는 하나의 요소예요. 인간은 호기심을 해결하려 끊임없이 배우고 도전하며 인류의 문명을 이룰 수 있었어요. 이런 호기심이 없었다면 현재 인류는 원시 인류 그대로일지도 몰라요. 동물들이 그대로인 것처럼요.

콜럼버스는 바다 끝에는 무엇이 있을까 하는 호기심으로 항해를 떠나 아메리카 대륙을 발견할 수 있었어요. 뉴턴은 떨어지는 사과가 왜 땅으로 향하는지에 호기심을 품고 만유인력을 알아낼 수 있었어요. 에디슨 역시도 가득한 호기심으로 발명을 거듭하여 백열전구나 축음기 등 위대한 발명품을 만들어냈어요.

오늘날 위대한 인물로 평가받는 사람들은 하나같이 호기심이 왕성했어요. 그들은 호기심을 해결하려 끊임없이 배우고 도전하면서 성공을 이루어냈어요. 호기심이 바로 도전과 성공의 원동력이었어요.

호기심은 도전하고 성공하게 하는 힘이 되기도 하지만 인생의 재미와 의미를 만들어 주기도 해요. 사람은 무언가 새로운 일에 도전하고 성취했을 때 큰 보람이 느껴져요. 하던 대로 익숙한 일만 반복한다면 의미와 재미를 느끼기는 어려워요.

호기심이 새롭게 도전하도록 하고 이를 통해 재미와 의미마저 얻도록 한다면 어린이 여러분은 언제나 호기심을 품어야 해요. 세상에 당연한 일은 없어요. 원인이 있어서 결과가 있는 거예요. 왜 그런지 원인을 궁금해하는 게 호기심이에요.

바람이 분다면 바람은 왜 불까 생각해 보세요. 여름이 덥다면 왜 여름은 더운지 호기심을 품어 보세요. 그 호기심이 여러분의 마음을 크게 하고 훌륭한 어른으로 성장하게 하는 밑거름이 될 거예요.

호기심 가득한 어린이가 되는 방법

• '왜 그럴까?' 늘 의문을 품어 보세요.

모든 일에 당연하다고 생각하지 말고 의문을 품는다면 그게 바로 호기심이에요.

• 생각하는 걸 즐기세요.

생각한다는 건 호기심과 맞닿아 있어요. 생각하지 않으면 호기심도 일어나지 않아요. 모든 일에 원인과 결과를 생각해 보고 더 좋은 방법을 생각한다면 호기심은 커지게 돼요.

• 독서야말로 호기심을 키우는 최고의 방법이에요.

독서는 새로운 지식과 정보를 받아들이는 일이에요. 알지 못했던 지식과 정보가 쌓이면 사람의 뇌는 더 많은 지식과 정보를 요구하게 돼요. 이는 바로 호기심이 커지는 일이에요.

• 새로운 일에 도전하고 경험하세요.

책 읽기를 통한 공부도 호기심을 불러오지만 새로운 경험 역시도 호기심을 불러와요. 새로운 경험을 함으로써 그 일을 알게 되고 그 일을 통해 새로운 호기심이 생겨나요.

• **새로운 친구를 만나세요.**

새로운 일에 도전하는 것만큼이나 새로운 사람을 만나는 것도 호기심을 키우는 데 도움이 돼요. 새로운 친구는 성격이나 특징도 다르고 취미나 특기 등도 새로워 나의 호기심을 자극해요.

• **신비한 일을 접하고 상상을 즐기세요.**

세상에는 우리가 알지 못하는 놀랍고 신비한 일들이 많아요. 이런 신비한 일들을 접하다 보면 호기심이 커질 수밖에 없어요. 신비한 일은 놀라운 만큼이나 상상력을 자극해요. 상상의 날개를 펼치다 보면 호기심은 비례해서 커지게 돼요.

마음을 키워주는 마음가짐의 기술 10가지 ③

집착하지 않기

때때로 나는 다른 아이들에게 똑같은 말이나 행동을 거듭하곤 해요. 내가 어떤 말이나 행동을 하는 것에 집착해서 다른 아이들은 나에게 짜증 낼 때도 있어요.

• 집착이란 어떤 것에 늘 마음이 쏠려 잊지 못하고 매달리는 것을 의미해요.

예를 들면,

"나는 내 생각이 완전히 옳다고 믿어."

"나는 학교에서 최고가 되어야 한다고 생각해."

"나는 아침 시간에 꼭 독서를 해야 한다고 생각해."

"나는 항상 똑같은 방식으로 일을 해야 한다고 생각해."

"너희들은 나에게 항상 친절한 말과 행동을 해야 해."

• 집착에서 벗어나기 위하여 다음과 같이 말하거나 행동할 수 있어요.

- 부모, 교사, 친구 등의 말에 귀 기울이기
- 집착하고 있음을 인정하기
- 집착하지 않겠다고 다짐하기
- 집착에서 벗어난 내 모습 상상하기
- 다양한 일에 대해 말하거나 생각하기

♥ 기억하기 : 다른 사람들의 말에 귀를 기울임으로써 집착에서 벗어날 수 있다.
다른 사람들이 나에게 집착을 그만두라고 말할 때, 즉시 집착을 멈추기.

넷째 달

어떤 일에서든 최선을 다하는 모습을 보여 주세요.
다른 사람의 이야기에 그다지 신경 쓸 필요는 없어요.

미국의 농구 선수
스테픈 커리(Stephen Curry)

여러분은 이 책의 '나 알기' 물음에 답을 하면서
여러분 자신의 희망과 가능성을 발견하게 될 거예요.
이 책의 주인공은 바로 여러분이에요!

Day. 091

내가 최고의 하루를 만들기 위해
무엇을 하면 좋을까?

Day. 092

내가 가족과 함께 있을 때
가장 하고 싶은 것은 뭘까?

Day. 093

내가 지금 애타게 바라는 일은 뭘까?

Day. 094

내가 쉽게 할 수 있는 일에는 뭐가 있을까?

Day. 095

내가 내일 가족을 위해
무엇을 할 수 있을까?

Day. 096

내가 알고 있는 사람 중에
가장 용감한 사람은 누구일까?
그 사람의 용감한 행동에는 뭐가 있을까?

Day. 097

새로 전학 온 아이가 있다면,
내가 그 아이에게 어떤 조언을 하면 좋을까?

Day. 098

내가 안전하다고 느낄 때는 언제일까?

Day. 099

내 소원을 들어주는 나무가 있다면,
빌고 싶은 소원 세 가지는 뭘까?

Day. 100

내가 최근에 공부한 내용 중에서
가장 흥미 있었던 내용은 뭘까?

Day. 101

내가 동물로 태어날 수 있다면
어떤 동물로 태어나고 싶을까?
내가 그 동물로 태어나고 싶은 까닭은 뭘까?

Day. 102

내가 초능력을 가질 수 있다면
가장 갖고 싶은 초능력은 뭘까?
내가 그 초능력을 갖고 싶은 까닭은 뭘까?

Day. 103

나는 노래하기, 말하기, 춤추기, 산책하기 중에서
무엇을 좋아할까?
내가 그것을 좋아하는 까닭은 뭘까?

Day. 104

내가 겪은 일 중에서
가장 힘들었던 일은 뭘까?

Day. 105

내가 가장 연주하고 싶은 악기는 뭘까?
내가 그 악기를 연주하고 싶은 까닭은 뭘까?

Day. 106

나는 어떤 색깔의 옷을 자주 입을까?
내가 그 색깔의 옷을 자주 입는 까닭은 뭘까?

Day. 107

내가 학교 운동장에 설치하고 싶은
놀이기구에는 뭐가 있을까?

Day. 108

내가 가장 좋아하는 과자는 뭘까?
내가 그 과자를 좋아하는 까닭은 뭘까?

Day. 109

내가 가장 즐겨 듣는 노래는 뭘까?
내가 그 노래를 즐겨 듣는 까닭은 뭘까?

Day. 110

내가 학교를 마치고 집에 돌아왔을 때
가장 먼저 하는 일은 뭘까?
내가 그 일을 먼저 하는 까닭은 뭘까?

Day. 111

내가 가장 좋아하는
조용한 활동은 뭘까?

Day. 112

내가 어른들의 행동 중에서 가장 싫어하는 것은 뭘까?
내가 그 행동을 싫어하는 까닭은 뭘까?

Day. 113

내가 한가할 때 함께 있고 싶은 사람은 누구일까?
내가 그 사람과 함께 있고 싶은 까닭은 뭘까?

Day. 114

만약 내가 요리사라면
만들고 싶은 음식 다섯 가지는 뭘까?

Day. 115

만약 내가 과학자라면
무엇을 연구하고 싶을까?
내가 그것을 연구하고 싶은 까닭은 뭘까?

Day. 116

만약에 오늘 갑자기 학교가 쉰다면,
내가 가정에서 해야 할 일 다섯 가지는 뭘까?

Day. 117

내가 식당 주인이라면
손님들에게 팔고 싶은 음식 열 가지는 뭘까?

Day. 118

내가 집을 지을 수 있다면
지붕은 어떤 모양으로 하면 좋을까?
행복하게 살기 위해 집 안에 두고 싶은 것 다섯 가지는 뭘까?

Day. 119

내가 힘든 일을 겪을 때
듣고 싶은 말 다섯 가지는 뭘까?

Day. 120

내가 일주일 동안 여행을 할 수 있다면,
가장 가고 싶은 곳은 어디일까?
내가 그곳에 가고 싶은 까닭은 뭘까?

질문과 함께하는 성장형 사고방식 ④

몸과 마음 다루기

몸이 지치고 힘들 때 다스리는 방법

어린이도 어른들과 똑같이 몸이 지치고 힘들 때가 있어요. 몸이 힘들면 무기력해져서 아무런 의욕도 생기지 않아요. 이럴 때는 무언가를 억지로 하려고 하지 말고, 휴식 등을 통해 몸의 기운을 회복하는 게 중요해요. 다음에서 알려주는 몸을 다스리는 방법을 이용해서 기운이 빠진 몸을 회복해 보세요.

• 멍때리기

아무것도 하고 싶지 않다는 건 뇌가 몸이 지친 걸 알고 보내는 신호와 같아요. 이럴 때는 아무 생각도 하지 말고 멍하게 보내는 것도 좋은 방법이에요. 이런 멍때리기는 뇌와 몸이 휴식을 취하는 상태여서 시간이 지나면 차츰 기운을 회복하고, 기분이 좋아지고 의욕도 생기게 돼요.

• 좋아하는 음식 먹기

맛있는 음식을 먹으면 기분이 좋아지게 하는 호르몬인 엔돌핀이 생성돼요. 음식물은 또 에너지를 제공해 주므로 기운도 얻을 수 있어요. 단, 지나치게 많이 먹으면 오히려 기분이 더 불쾌해질 수 있으니 적당량만 먹는 게 좋아요.

• 친구들과 수다 떨기, 운동하기

친구들과 모여 재미있는 얘기를 하며 수다를 떨거나 좋아하는 운동을 하는 것도 무기력에서 벗어나는 방법이에요. 즐겁게 대화를 하고 운동을 하다 보면 친구들과 우정도 깊어지고 기분이 전환돼요.

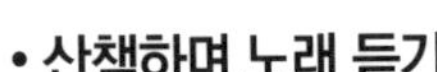

• 산책하며 노래 듣기

산책만큼 기분 전환에 효과가 좋은 것도 없어요. 특히 공기 맑은 곳에서 좋아하는 노래를 들으며 산책한다면 기분은 더욱 상쾌해지고 몸이 가분해질 거예요. 반려동물이 있다면 함께 산책하는 것도 좋아요.

• 맘껏 상상하고 신나게 놀기

머릿속으로 무엇이든지 상상을 하며 즐겨 보는 것도 좋아요. 상상과 더불어 그림을 그려 본다거나 무엇을 만들어 본다면 회복 효과는 더욱 좋아져요. 자신이 좋아하는 놀이나 취미 활동을 해도 좋아요.

마음이 불안하고 혼란스러울 때 다스리는 방법

마음도 몸처럼 힘들고 지칠 때가 있어요. 마음이 안정되지 않고 왠지 불안하다거나 혼란한 느낌이 들 때가 바로 그때예요. 특별한 일이 없는데도 그러한 마음이 든다면 이런 때는 마음의 평온과 안정을 찾아야 해요.

마음이 불안하고 혼란할 때 여기에서 벗어나 마음의 평온을 유지하는 게 바로 마음을 다스리는 일이에요. 물론 좋은 일이 있다고 해서 지나치게 흥분하지 않는 것도 마음 다스림이죠.

마음을 다스리는 방법은 다음과 같아요.

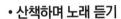

• **현재만 생각하기**

사람들은 아직 오지도 않은 미래의 일을 미리 걱정하는 경향이 있어요. 미래가 어떻게 펼쳐질지도 모르는데 좋지 않은 쪽으로 미래를 내다보며 걱정하고 불안해해요. 오직 현재, 지금에만 집중해 보세요. 미래의 걱정 때문에 생기는 불안과 혼란이 사라지고 마음이 안정돼요.

• **심호흡하기**

마음이 불안하면 숨을 깊게 들이마신 다음 후하고 내뱉어 보세요. 깊게 숨을 쉬면 더 많은 양의 산소를 들이마시고, 더 많은 이산화탄소를 내뱉을 수 있어요. 이런 호흡만으로도 몸과 마음의 긴장을 풀고 마음이 안정되는 효과를 얻을 수 있어요.

• **감사하는 마음**

찾아보면 누구나 주변에는 감사할 일들이 많아요. 나를 향해 웃어주는 친구가 있는 것도 감사한 일이고 길가에 핀 꽃 한 송이도 내 마음이 아름답게 느끼도록 하니 감사한 일이에요. 늘 감사하는 마음으로 마음이 불안해지지 않도록 해보세요.

• **자기 자신을 아끼고 사랑하기**

자기 자신이야말로 세상에서 가장 소중해요. 누구도 자기를 대신해 줄 수는 없어요. 나야말로 누구보다 훌륭하고 소중하다는 생각을 하며 자신의 좋은 점을 찾아보세요. 그런 자기 자신을 스스로 칭찬해주고 응원해 준다면 마음이 차분해지고 안정돼요.

최선을 다한 것에 만족하기

부모, 교사, 친구 등이 나에게 기대를 걸고 있지만 정작 나는 부족함을 느낄 때가 많지요. 실제로 내가 부족하다면 이들의 칭찬을 받을 수 없을 거예요. 나는 만족감을 느끼기 위해 무엇을 할 수 있을까요?

- **최선을 다한 것에 만족해요.**

– 내가 해야 할 일을 하고 나서 다른 아이들에게 "내가 잘했다고 생각하니?"라고 물어볼 필요가 없어요.

– 다만 최선을 다할 뿐이에요.

- **다음과 같은 질문을 너무 자주 해선 안 돼요.**

"나 오늘 괜찮아 보였니?"

"너는 나를 좋아하니?"

"나는 너의 절친한 친구가 맞니?"

"너는 나에게 화가 났니?"

"너는 여전히 내 친구가 맞니?"

- **내가 위와 같은 질문을 자주 하면, 다른 아이들은 나에 대해 다음과 같이 느낄지도 몰라요.**

실망스러움　　황당함　　불쾌함　　난처함　　귀찮음

- **나는 자신에 대해 긍정적으로 생각해야 해요.**
  - 나는 잘하고 있어.
  - 나는 괜찮아.
  - 나는 최선을 다했어.
  - 모든 사람이 내가 느끼는 방식대로 느끼는 것은 아니야.
  - 나는 다른 사람들의 감정을 받아들일 수 있어.
  - 이것은 내가 느끼는 방식이야.
  - 나는 실수를 할 수도 있어. 누구나 실수를 하기 마련이야.

- **무슨 일을 하든지 간에 다음과 같이 마음먹을 필요가 있어요.**
  - 긴장을 풀고 좀 더 느긋하게 일을 할 거야.
  - 다음에 좀 더 열심히 할 거야.
  - 잠시 쉬었다가 할 거야.

♥ 기억하기 : 최선을 다한 나 자신을 칭찬하기.

Growth Mindset

다섯째 달

여러분이 지금 어려운 일 때문에 좌절감을 느끼고 있다면,
지금보다 더 힘들었던 때를 떠올려 보세요.
한결 기분이 나아지고 의욕이 생길 거예요.

영화배우
드웨인 존슨(Dwayne Johnson)

여러분은 이 책의 '나 알기' 물음에 답을 하면서
여러분 자신의 장점을 발견하게 될 거예요.
이 책의 주인공은 바로 여러분이에요!

Day. 121

내가 올바르게 성장하는 데
가장 많은 도움을 주는 사람은 누구일까?
내가 그 사람에게서 본받을 점 세 가지는 뭘까?

Day. 122

내가 1년 동안 외국에서 살 수 있다면,
가장 가고 싶은 나라는 어디일까?
그 나라에 가고 싶은 까닭은 뭘까?

Day. 123

내 생일날에 받고 싶은 선물 다섯 가지는 뭘까?

Day. 124

지금까지 살아오면서
나에게 가장 중요했던 날은 언제일까?
내가 그날을 중요하게 여기는 까닭은 뭘까?

Day. 125

오늘 원하는 대로 시간을 보낼 수 있다면,
하고 싶은 일 세 가지는 뭘까?

Day. 126

내가 사막에서 살고 있다면,
나에게 필요한 것 다섯 가지는 뭘까?

Day. 127

만약 내가 다섯 살 때의 나 자신에게 편지를 보낼 수 있다면,
어떤 내용으로 편지를 쓰면 좋을까?

Day. 128

지금 나의 가장 큰 고민거리는 뭘까?

Day. 129

내가 가장 배우고 싶은 운동은 뭘까?
그 운동을 배우고 싶은 까닭은 뭘까?

Day. 130

내가 교실을 꾸민다면,
교실 안에 두고 싶은 물건
열 가지는 뭘까?

Day. 131

내가 가장 자랑스러웠던 때는 언제일까?

Day. 132

내가 자신 있게 할 수 있는 운동은 뭘까?
내가 자신 있게 부를 수 있는 노래는 뭘까?

Day. 133

내가 가장 크게 좌절감을 느낀 때는 언제일까?

Day. 134

나를 화나게 하는 것 다섯 가지는 뭘까?

Day. 135

만약 내가 선생님이라면, 아이들에게 숙제를 내야 할까?
그렇다면 그 까닭은 뭘까?
그렇지 않다면 그 까닭은 뭘까?

Day. 136

내가 지금 무엇에 관심을 두고 있을까?

Day. 137

나를 따분하게 하는 일에는 뭐가 있을까?

Day. 138

만약 지금 산책을 할 수도 있고 그림을 그릴 수도 있다면,
무엇을 선택하면 좋을까?
내가 그것을 선택한 까닭은 뭘까?

Day. 139

내가 가장 존경하는 사람은 누구일까?
그 사람을 존경하는 까닭은 뭘까?

Day. 140

만약에 맛은 없지만 화려하게 생긴 케이크와
맛은 좋지만 보기 싫게 생긴 케이크가 있다면,
나는 어떤 케이크를 고르고 싶을까?
그 케이크를 고르고 싶은 까닭은 뭘까?

Day. 141

내가 학교 화단에 심고 싶은 식물
다섯 가지는 뭘까?

Day. 142

내가 행복감을 느낄 때
주로 무엇을 했을까?

Day. 143

나를 슬프게 하는 일에는
뭐가 있을까?

Day. 144

내가 지금 갓난아이가 된다면,
어떤 점이 좋을까?

Day. 145

과거로 되돌아갈 수 있다면,
내가 꼭 바꾸고 싶은 일은 뭘까?

Day. 146

미래를 볼 수 있다면,
내가 꼭 보고 싶은 것은 뭘까?

Day. 147

나는 산만하고 시끄러운 아이일까,
아니면 차분하고 조용한 아이일까?
시끄러운 아이의 좋은 점은 뭘까?
조용한 아이의 좋은 점은 뭘까?

Day. 148

학교생활을 하면서 나의 가장 불편한 점은 뭘까?
그 불편한 점을 해결하는 방법에는 뭐가 있을까?

Day. 149

내가 가지고 있는 물건 중에서
가장 아끼는 것은 뭘까?
그 물건을 아끼는 까닭은 뭘까?

Day. 150

내가 겪은 일 중에서
친구들에게 가장 이야기하고 싶은 것은 뭘까?

질문과 함께하는 성장형 사고방식 ⑤

긍정의 마음

긍정적인 생각 키우기

물이 절반 정도 찬 컵이 있어요. 이 컵의 물이 많고 적음은 그 컵을 바라보는 사람의 마음에 달렸어요. 두 사람 중 한 사람은 '물이 반이나 남아 있네'라고 생각하고, 다른 사람은 '물이 반밖에 안 남았네'라고 생각할 수 있어요. 물의 양은 똑같은데 어떤 마음가짐이냐에 따라 많기도 하고 적기도 해요.

이처럼 긍정의 사고를 하는 사람과 부정의 사고를 하는 사람은 같은 일을 두고도 평가가 전혀 달라져요. 시험점수가 50점이 나왔을 때 한 친구는 슬퍼하고 좌절하며 '난 노력해도 안 돼'라고 하며 희망을 포기해요. 하지만 다른 친구는 같은 50점을 받고도 '이번에 50점이 나왔으니 다음에는 더 잘 나올 거야'라고 하며 희망을 품어요.

부정적으로 생각하는 친구는 점수가 더 올라갈 수 없어요. 더 나아질 수 있다는 희망을 버렸으니 당연히 노력하지 않을 테고 노력이 없으니 50점 받기도 힘들어질 수밖에 없어요. 긍정적으로 생각하는 친구는 다음 시험점수는 더 잘 나올 것을 기대하며 노력하니 점수가 올라갈 수밖에 없어요.

긍정의 사고는 현재에 만족하며 행복감도 안겨주지만 무엇보다 미래에 희망을 품고 노력하며 나아간다는 점에서도 필요해요. 성공한 사람은 실패했을 때도 희망을 잃지 않아요. 실패를 성공을 위한 디딤돌로 받아들이기 때문이에요. 그리고 더 노력해서 끝내 성공을 이루고 말아요.

긍정적으로 생각하는 사람은 자기의 나쁜 점보다는 좋은 점만 바라봐요. 그러면서 나쁜 점도 고치려고 노력하게 돼요. 그러니 자기 자신을 아끼고 사랑하는 마음도 커지고 현재는 물론 미래가 보람차고 행복해지게 돼요.

긍정적으로 생각하는 건 이렇게 큰 힘이 있어요. 앞으로는 긍정적으로 생각하며 어떤 문제도 해결하는 힘을 기르세요.

긍정의 말이나 생각으로 큰 힘을 얻는 방법

긍정적 사고는 쉽지만은 않은 일이에요. 긍정적 생각을 하도록 꾸준히 노력하며 훈련해야 해요. 노력한다고 금세 긍정적으로 바뀌지 않아요. 꾸준한 노력이 필요한 이유예요. 다음에 알려주는 방법을 참고해서 노력한다면 누구나 긍정의 어린이가 될 수 있어요.

• '난 할 수 있어!', '난 멋진 사람이야!'

자신을 칭찬하고 격려하는 말을 수시로 하거나 벽에 붙이고 그 글을 볼 때마다 몇 번씩 읽어 보세요. 어느 순간 자신감이 생기고 자기가 멋진 사람으로 생각돼요.

• 긍정의 말과 글을 듣거나 읽으면 그 뜻을 되뇌며 기록해 보세요.

기록은 노트에 해도 좋고 핸드폰 메모장에 해도 좋아요. 기록한 글을 자주 들여다 보며 읽다 보면 긍정의 마음이 자라나요.

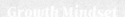

• 안 좋은 일이 있으면 '괜찮아 괜찮아'를 반복해 보세요.

마음속으로 '괜찮아'를 계속해서 반복하다 보면 어느 순간 불안한 마음이 가라앉고 차분해져요. 마음이 편안해지면 부정의 감정에 휩쓸리지 않아요.

• 나쁜 일이라도 자신에게 미칠 좋은 영향을 찾아보세요.

나쁜 일이라고 해서 모두 나쁜 면만 있는 것은 아니에요. 자신에게 나쁜 일이 일어났을 때 부정적 반응부터 하지 말고 그 일이 끼칠 좋은 점을 찾아보세요. 분명히 좋은 점이 찾아지면서 마음이 안정되고 긍정의 힘이 자라나요.

• 듣기 싫은 소리를 들어도 충고로 받아들이세요.

누군가가 자신에게 듣기 싫은 소리를 한다면 상대가 나를 싫어한다고 생각하지 마세요. 자신을 위한 충고로 받아들이면 마음도 상하지 않고 그 충고를 통해 성장하는 긍정의 마음을 키울 수 있어요.

선택하기

선택은 때때로 어려워 보일 수도 있어요. 아무리 사소한 선택일지라도 그 선택은 크게 느껴질 수 있어요. 만약에 내가 잘못된 선택을 할까 봐 걱정이 앞선다면 아래에 제시된 조언을 따를 필요가 있어요.

• **좋은 선택을 하고 싶으나 그 선택이 어렵게 느껴질 때가 있어요.**
  - 내가 바라는 선택이어야 해요.
  - 나의 선택이 항상 옳은 것만은 아니라는 것을 기억해요.

• **선택을 결정하기 위해 다음과 같은 조언을 따라요.**

☆ 가장 쉬운 것 선택하기
  - 실제로 잘 알고 있는 것 선택하기
  - 이전에 경험한 것 선택하기
  - 짧은 시간 내에 할 수 있는 것 선택하기

☆ 제거 과정을 통해 선택하기
  - 선택할 수 있는 네 가지가 있다면 아주 빠르게 두 가지 제거하기
  - 그러고 나서 남은 두 가지 중 한 가지 선택하기

☆ 행운의 게임을 통해 선택하기

- 추첨하기
- 동전 튕겨 올리기
- 연필 굴리기

☆ 내가 어느 하나를 선택했다면,

- 선택에 만족하기
- 선택에 책임지기

♥ 기억하기 : 내가 어느 하나를 선택했다면, 나는 그 선택을 만족스럽게 받아들이고 그 선택에 책임을 져야한다.

여섯째 달

여러분의 몸의 생김새는 여러분 자신의 능력을 발휘하는 데 아무런 걸림돌이 되지 않아요.

'Out of My Mind(내 마음을 넘어서)'의 작가
샤론 드레이퍼(Sharon M. Draper)

여러분은 지금까지 잘해 왔어요.
이 책의 '나 알기' 물음에 답을 하면서 여러분 자신에 대해 많이 알게 될 거예요.
이 책의 주인공은 바로 여러분이에요!

Day. 151

나를 무섭게 하는 것 다섯 가지는 뭘까?

Day. 152

내가 주말에 꼭 하고 싶은 것 세 가지는 뭘까?

Day. 153

만약 내가 나만의 비밀 장소를 가지고 있다면,
가장 먼저 초대하고 싶은 사람은 누구일까?
내가 그 사람을 초대하고 싶은 까닭은 뭘까?

Day. 154

내가 영화 보는 것을 좋아한다면, 그 까닭은 뭘까?
내가 영화 보는 것을 싫어한다면, 그 까닭은 뭘까?

Day. 155

내가 가장 좋아하는 컴퓨터 게임은 뭘까?
내가 그 게임을 좋아하는 까닭은 뭘까?

Day. 156

내가 새처럼 날 수 있다면,
가장 먼저 가고 싶은 곳은 어디일까?
내가 그곳에 가고 싶은 까닭은 뭘까?

Day. 157

만약 내가 대통령이 된다면,
가장 먼저 하고 싶은 일은 뭘까?
내가 그 일을 하고 싶은 까닭은 뭘까?

Day. 158

지금 나를 가르치는 담임 교사의
좋은 점 세 가지는 뭘까?

Day. 159

내가 가장 좋아하는
예술 분야(문학, 미술, 음악, 연극, 무용 등)는 뭘까?
내가 그 분야를 좋아하는 까닭은 뭘까?

Day. 160

부모님에게 알리고 싶은
나의 자랑거리 세 가지는 뭘까?

Day. 161

내가 지금까지 살아오면서 가장 잊고 싶은 일은 뭘까?
내가 그 일을 잊고 싶은 까닭은 뭘까?

Day. 162

지금 내 마음을 뒤숭숭하게 하는 것
세 가지는 뭘까?

내가 가족과 함께 가장 가고 싶은 곳은 어디일까?
내가 그곳에 가고 싶은 까닭은 뭘까?

내 방의 분위기를 산뜻하게 바꾸기 위해서
무엇을 해야 할까?

잠을 자면서
가장 꾸고 싶은 꿈은 뭘까?

Day. 166

내가 가장 갖고 싶은 장난감은 뭘까?
내가 그 장난감을 갖고 싶은 까닭은 뭘까?

Day. 167

내가 무엇이든 그릴 수 있다면,
그리고 싶은 것 다섯 가지는 뭘까?

Day. 168

만약 반려동물이 말을 할 수 있다면,
반려동물은 사람들에게 무슨 말을 하고 싶을까?

Day. 169

내가 지금까지 겪은 일 중에서
가장 위험했던 일은 뭘까?

Day. 170

만약 내가 자동차처럼 빨리 달릴 수 있다면,
내가 할 수 있는 일에는 뭐가 있을까?

Day. 171

내가 친구들에게 바라는 점
세 가지는 뭘까?

Day. 172

내가 지금까지 살아오면서
가장 기억에 남는 사람은 누구일까?
그 사람이 기억에 남는 까닭은 뭘까?

Day. 173

만약 외계인이 우리 집에서 하룻밤을 잔다면,
내가 외계인에게 가르쳐야 할 것
세 가지는 뭘까?

Day. 174

만약 내가 나무 위의 집에 산다면,
좋은 점은 뭘까?
또 나쁜 점은 뭘까?

Day. 175

내가 남들보다 잘하는 것
세 가지는 뭘까?

Day. 176

내가 가지고 있는 물건 중에서
가장 버리고 싶은 것은 뭘까?
내가 그 물건을 버리고 싶은 까닭은 뭘까?

Day. 177

내가 지금 바닷가에 있다면,
하고 싶은 일 세 가지는 뭘까?

Day. 178

만약 내가 사랑받고 있다고 느낀다면, 그 까닭은 뭘까?
만약 내가 미움받고 있다고 느낀다면, 그 까닭은 뭘까?

Day. 179

남들에게 숨기고 싶은
나만의 비밀은 뭘까?

Day. 180

만약 내가 사람의 마음을 읽을 수 있다면,
가장 먼저 누구의 마음을 읽고 싶을까?
내가 그 사람의 마음을 읽고 싶은 까닭은 뭘까?

질문과 함께하는 성장형 사고방식 ⑥

창의성

문제 해결을 쉽게 하고 좌절하지 않게 하는 창의성

창의성은 어떤 문제의 해결에는 물론 어려움을 이겨내고 질문의 답을 찾을 때도 매우 중요해요. 어린이뿐만 아니라 어른들도 창의성을 어렵게 생각하곤 하는데 그렇지 않아요.

누구나 일상에서 마주하는 사물이나 현상을 새로운 눈으로 보고 다르게 생각할 줄 아는 힘이 바로 창의성이에요. 열 명이 하나의 문제를 해결할 방법을 찾을 때 각자가 남다른 생각을 한다면 열 개의 해결책이 나올 수 있는 게 창의성이에요.

창의성은 문제 해결도 쉽게 하게 할 뿐만 아니라 어려움이 닥쳐도 좌절하지 않고 이겨낼 방법을 찾도록 도와줘요. 창의성을 지닌 사람들은 그래서 남보다 앞서가고 실패 후에도 무너지지 않고 다시 도전하여 성공을 이루곤 하죠.

스마트폰을 최초로 개발한 애플의 창업자 스티브 잡스가 개발에 뛰어들 때 주변 사람 모두가 말린 건 잘 알려진 이야기예요. 주변의 반대에도 불구하고 스티브 잡스는 도전했고, 처음에는 실패하기도 했어요. 하지만 스티브 잡스는 도전을 멈추지 않았고 오늘날 세계적 기업 애플사가 존재하게 했어요.

스티브 잡스의 이런 도전과 실패, 재도전과 성공은 바로 창의성이 밑바탕이 됐어요. 스티브 잡스 말고도 세계 역사에는 도전하고 실패하고 다시 도전하여 성공을 이룬 사람이 셀 수 없이 많아요. 이들 모두는 창의성을 갖춘 사람들이었어요. 창의성은 자기 삶을 더욱 보람차고 행복하게 살아가는 데도 중요해요. 창의성을 지닌 사람들은 현재를 바탕으로 더 나은 내일을 꿈꾸기 때문이에요.

창의성의 중요성을 알았다면 어린이 여러분은 창의성을 지닌 사람으로 자라날 필요가 있어요. 당장 여러분이 어떤 일을 할 때 한번 더 생각하고 다르게 바라보는 노력을 한다면 자신도 모르게 창의성을 발휘할 수 있어요. 어떤 일이든 창의성을 발휘한다면 그 일의 결과는 자신도 놀랄 만큼 생각지도 못한 결과가 나올 수 있어요.

창의성, 어떻게 기를까?

• 늘 질문하는 습관을 기르세요.

이 책도 질문하고 대답함으로써 창의성을 기르도록 한 책이에요. 무엇이든 의문을 품고 질문해보세요. 의문을 품고 질문하는 게 바로 창의성의 씨앗이에요.

• 익숙한 것만 찾지 말고 새로운 것을 즐기세요.

사람의 뇌는 새로운 자극을 받아야 발달하게 되어 있어요. 새로운 경험은 또 다른 새로움을 불러오고 그 가운데 뇌가 계속 발달하며 창의적으로 변하게 돼요.

• 하라는 대로만 따라 하지 말고 자기만의 방법을 찾으세요.

공부나 운동 등 가르치는 사람은 정해진 원칙대로만 알려줘요. 하지만 그 방법이 모두에게 좋을 수는 없어요. 그 방법을 참고하더라도 더 좋은 방법은 없는지 생각해 본다면 창의적 방법을 찾아낼 수 있고, 창의성도 길러져요.

• 마음껏 놀아 보세요.

어린이들은 공부도 해야 하지만 놀 때는 신나게 놀 줄 알아야 해요. 몰입해서 신나게 놀다 보면 그 가운데 생각의 날개를 펴는 상상력과 창의성이 자라나요.

• 무조건 안 된다는 생각을 피하세요.

아무리 어려운 문제가 닥치더라도 얼마든지 해결할 수 있다고 생각하세요. 언제나 긍정으로 생각하다 보면 어떤 상황에서도 창의성을 발휘할 수 있어요.

• 마음을 열고 존중하며 사랑의 눈으로 바라보세요.

새로운 친구를 만나면 마음을 다해 받아들이고, 새로운 사물을 대할 때는 눈여겨보세요. 새로운 것에서 감흥을 느끼고 그 가치를 찾을 때 창의성이 자라날 수 있어요.

• 자기만의 표현법을 개발하세요.

자신의 마음을 표현하는 방법만큼 좋은 창의성 기르기도 없어요. 자기 마음을 말이든 글이든 그림이든 자기만의 방법으로 표현할 때 창의성이 쑥쑥 길러질 수 있어요.

거절 받아들이기

부모님은 나의 부탁(새로운 장난감 사기, 친구랑 놀기, 친구 집에 놀러 가기, 영화 보러 가기, TV 보기, 컴퓨터 게임 하기 등)을 거절할 때가 있어요. 왜일까요?

- **부모님이 내 부탁을 거절하는 데에는 이유가 있어요.**

  예를 들면,

  - 내 부탁이 무리하다고 여긴다.
  - 시간적 여유가 없다.
  - 금전적 여유가 없다.
  - 내 부탁이 바람직하지 않다고 여긴다.

- **때때로 나는 부모님의 거절에 반발해서 집착적이고 부정적인 행동을 하곤 해요.**

  예를 들면,

  - 집요하게 부탁하기
  - 징징거리기
  - 소리치기
  - 방문 쾅 닫기
  - 음악 크게 틀기
  - 나쁜 태도 보이기
  - 심술을 부리거나 욕하기

• **앞과 같이 내가 부정적인 행동을 할 때 무슨 일이 발생할까요?**

- 부모님은 화를 낼 것이다.
- 나는 이다음에도 부탁할 기회나 부탁에 대한 승낙을 얻지 못할 것이다.
- 부모님은 나를 꾸중할 것이다.

• **거절을 받아들일 필요가 있어요. 이를 위해서 다음과 같이 말하거나 행동할 수 있어요.**

- 나 자신에게 "집착해선 안 돼"라고 말한다.
- 나 자신에게 "차분해질 필요가 있어"라고 말한다.
- 조용한 곳으로 가서 마음을 진정시킨다.

♥ 기억하기 : 이번에 내가 거절을 순순히 받아들인다면, 다음에는 승낙을 좀 더 쉽게 얻을 수 있을 것이다.

일곱째 달

**여러분이 하는 일에 최선을 다하고, 그 일에서 즐거움을 찾으세요.
그러면 좋은 결과가 따를 거예요.**

올림픽 체조 금메달리스트
시몬 바일스(Simone Biles)

여러분은 지금까지 잘해 왔어요.
이 책의 '나 알기' 물음에 답을 하면서
여러분 자신에 대해 관심을 지니게 될 거예요.
이 책의 주인공은 바로 여러분이에요!

Day. 181

내가 가장 싫어하는 동물은 뭘까?
내가 그 동물을 싫어하는 까닭은 뭘까?

Day. 182

내가 미래의 지구 환경을 다루는 영화의 주인공이라면,
지구 환경을 위해 내가 무엇을 해야 할까?

Day. 183

만약 내가 몹시 추운 남극 지방에서 살고 있다면,
좋은 점은 뭘까?
또 나쁜 점은 뭘까?

Day. 184

만약 나에게 많은 돈이 있다면,
내가 그 돈으로 어려운 이웃을 위해
무엇을 할 수 있을까?

Day. 185

만약 내가 다른 사람의 기분을 좋게 하는
행복 상자를 만들고 있다면,
그 상자 안에 넣고 싶은 것 다섯 가지는 뭘까?

Day. 186

지금 가족회의를 하고 있다면,
내가 하고 싶은 말 세 가지는 뭘까?

Day. 187

만약 내가 1년 동안 매일 먹을 과일 하나를 골라야 한다면,
내가 고르고 싶은 과일은 뭘까?
내가 그 과일을 고르고 싶은 까닭은 뭘까?

Day. 188

만약 내가 지금보다 더 살기 좋은 세상을 만들 힘을 갖고 있다면,
살기 좋은 세상을 만들기 위해
내가 꼭 해야 할 일 세 가지는 뭘까?

Day. 189

내가 친구들과 좋은 관계를 맺기 위해서
해야 할 일 다섯 가지는 뭘까?

Day. 190

수업 시간에 모둠 활동을 좋아한다면, 그 까닭은 뭘까?
수업 시간에 개별 활동을 좋아한다면, 그 까닭은 뭘까?

Day. 191

만약 내가 시간 여행(타임머신)을 다루는 만화에서 주인공이라면,
옛날(과거)로 되돌아가서 하고 싶은 일
세 가지는 뭘까?

Day. 192

내가 밤에 잠을 자는 까닭은 뭘까?

Day. 193

내가 저녁을 먹고 나서
꼭 하는 일 세 가지는 뭘까?

Day. 194

내가 부끄러움을 느낄 때는
언제일까?

Day. 195

내가 달콤한 음식을 좋아한다면, 그 까닭은 뭘까?
내가 달콤한 음식을 싫어한다면, 그 까닭은 뭘까?

Day. 196

만약 내가 무인도에 도착한다면, 내 기분은 어떨까?
무인도에서 내가 꼭 해야 할 일 세 가지는 뭘까?

Day. 197

만약 타임머신을 타고 과거로 갈 수 있다면, 좋은 점은 뭘까?
만약 타임머신을 타고 미래로 갈 수 있다면, 좋은 점은 뭘까?

Day. 198

만약 내가 지금 장난감과 동화책 중에서 하나를 가질 수 있다면,
나는 무엇을 가지고 싶을까?
내가 그것을 가지고 싶은 까닭은 뭘까?

Day. 199

내가 가장 부러워하는 사람은 누구일까?
내가 그 사람을 부러워하는 까닭은 뭘까?

Day. 200

만약 내가 매일 똑같은 과자를 먹어야 한다면, 내 기분은 어떨까?
만약 내가 1년 동안 과자를 먹지 못한다면, 내 기분은 어떨까?

Day. 201

내가 잠을 자면서 꾼 꿈 중에서
가장 멋진 꿈은 뭐였을까?

Day. 202

내가 올해 한 살을 더 먹으면서
무엇을 다짐했을까?

Day. 203

내가 가장 어려워하는 교과목은 뭘까?
내가 그 교과목을 어려워하는 까닭은 뭘까?

Day. 204

만약 내가 한 가지 음식을 금지할 수 있다면,
금지하고 싶은 음식은 뭘까?
내가 그 음식을 금지하고 싶은 까닭은 뭘까?

Day. 205

만약 내 친구가 나를 귀찮게 한다면,
나는 어떻게 해야 할까?

Day. 206

만약 내가 부모라면,
정하고 싶은 가정의 규칙
세 가지는 뭘까?

Day. 207

내가 친구들과 가장 하고 싶은 놀이는 뭘까?
내가 그 놀이를 하고 싶은 까닭은 뭘까?

Day. 208

만약 내가 바닷속 모험과 우주 모험 중에서 하나를 선택할 수 있다면,
무엇을 선택하고 싶을까?
내가 그것을 선택하고 싶은 까닭은 뭘까?

Day. 209

만약 내가 산속 모험을 하기 위해
깊고 높은 산에 와 있다면,
내가 하고 싶은 일 다섯 가지는 뭘까?

Day. 210

만약 내가 하루 동안 투명 인간이 될 수 있다면,
꼭 하고 싶은 일 세 가지는 뭘까?

질문과 함께하는 성장형 사고방식 ⑦

자신감

난 할 수 있어!

두 친구가 100미터 달리기 시합을 했어요. 둘이 힘차게 달렸지만 무승부였어요. 두 친구는 이번에는 200미터를 달리기로 했어요.

200미터 경주를 앞두고 한 친구는 자신감이 넘쳤어요. 자신이 이길 수 있다고 생각하며 마음속으로 '난 이길 수 있어' 하고 되뇌었지요. 다른 한 친구는 자신감보다는 경기에서 질까 걱정이 앞섰어요. '내가 지면 어떡하지?' 생각뿐이었어요.

두 친구의 200미터 달리기에서는 누가 이겼을까요?

두 사람은 100미터에서 무승부였던 만큼 체력이나 달리는 속도가 비슷해요. 200미터를 달리더라도 우열을 가리기가 힘들 거예요. 하지만 한 친구는 자신감이 넘치고 다른 친구는 질 것을 두려워한다면 자신감 있는 친구가 이길 수밖에 없어요. 자신감은 자신이 가진 능력 이상을 발휘하게 하니까요.

사람은 뇌의 지배를 받아요. 그 뇌를 어떻게 쓰느냐에 결과는 엄청나게 달라져요. 내가 잘할 수 있다고 생각하면 뇌가 잘되는 쪽으로 움직여요. 반대로 나는 잘 안 된다고 생각하면 안 되는 쪽으로 움직여요. 결국 똑같은 일을 두고도 어떻게 생각하느냐에 따라 일의 결과는 성공과 실패로 갈릴 수 있어요.

자신감은 뇌를 잘되는 쪽으로 활용하여 일의 성공에 이르는 가장 좋은 방법이에요. 새로운 일에 도전할 때는 그 일을 미리 알아보고 준비하는 것이 중요해요. 하지만 애써 준비를 하고서도 자신감이 없다면 그만큼 실패할 확률이 커져요.

자신감은 어린이 여러분이 필요한 모든 일을 할 때 꼭 필요한 마음가짐이에요. 어려운 일이라고 지레 겁먹기보다 '난 할 수 있어'라고 마음먹고 도전해 보세요. 어려워 보이던 일도 자신감으로 막상 도전해 보면 그렇게 어렵지 않을 수 있어요.

자신감은 앞에서 얘기한 긍정의 마음과 닿아 있어요. '난 할 수 있다!'는 긍정의 마음과 자신감으로 성장한다면 어린이 누구나 훌륭한 어른이 될 수 있어요.

자신감을 얻는 방법

자신감을 얻으려면 무엇보다 자기 자신을 아끼고 사랑하는 마음이 있어야 해요. 자기 스스로를 무시하면서는 잘할 수 있다는 자신감이 싹틀 수 없으니까요.

• 늘 '나는 최고야'라는 마음을 가져보세요.

마음속에서 점차 자신감이 생겨날 거예요. 그러다 보면 진짜 최고의 사람으로 자라나게 돼요.

• 자기 자신을 칭찬하고 격려해 주세요.

어떤 일을 마쳤을 때 스스로 '잘했어, 수고했어!' 하며 격려한다면 앞으로는 더 잘할 수 있어요. 이런 칭찬과 격려가 자신을 사랑하는 방법이에요. 자신을 사랑해야 남도 사랑할 수 있어요.

• 친구나 가족 등 남들 앞에서도 자신감 있는 모습을 보이세요.

보였던 자신감만큼 잘하기 위해 노력하게 돼요. 그런 노력만큼 몸과 마음이 자라나고 더욱 잘하는 사람으로 변해가요.

• 일의 결과가 안 좋아도 포기하거나 좌절하지 마세요.

다음에는 성공할 수 있다는 자신감을 잃으면 다음 일도 실패할 수밖에 없어요. 실패해도 다음에는 성공할 수 있다는 희망만이 결국 성공의 길로 이끌어요.

• 힘들고 지칠 때는 무리하지 말고 충분히 쉬도록 하세요.

몸과 마음의 기운이 가득할 때 자신감도 커지고 성공할 수 있어요. 일이 잘되지 않거나 힘들 때는 그래서 충분히 휴식한 다음 도전하는 게 좋아요. 두 걸음 나아가기 위해 한 걸음 후퇴하듯이 힘들 때는 쉬면서 에너지를 채워야 해요.

마음을 키워주는 마음가짐의 기술 10가지 ⑦

계획을 세우고 목표에 도달하기

계획 없는 목표는 한낱 희망에 불과하죠. 만약에 즐거운 하루를 보내고 싶다면 그 하루를 위해 무엇을 할 것인지에 대한 계획을 세워야 해요. 계획을 세우고 이를 실천한다면 나의 목표는 실현될 거예요.

• 계획을 세워요.

- 나는 무엇을 할 것인지에 대한 여러 가지 계획을 메모지에 적어 놓는다.
- 나는 하루에 계획 하나를 선택한다.
- 나는 하루 동안 그 계획에 대해 생각한다.
- 내가 계획을 세우고 이를 실천한다면, 나는 좀 더 나은 변화를 맞이할 것이다.

• 내가 세울 수 있는 계획의 예는 다음과 같아요.

-특정한 주제에 대해 숙고하기
-사소한 일 무시하기
-차분해지기
-좀 더 많이 이야기하기
-침묵하기
-나의 일과 반성하기
-휴식하기
-도움 요청하기
-활짝 웃기
-학습에 최선을 다하기
-마음의 여유 찾기
-긍정적인 마음 갖기
-겸손과 관용의 마음 갖기
-운동하기
-경청하기
-미소 짓기
-다른 아이들 배려하기
-배우려는 마음 갖기
-쾌활한 기분 갖기

♥ 기억하기 : 내가 계획을 세우고 이를 실천한다면 나의 목표는 실현될 것이다.

여덟째 달

**모든 사람이 똑같은 생김새와 똑같은 성격을 가지고 있다면,
이 세상은 얼마나 따분할까?**

패션모델
할리마 아덴(Halima Aden)

지금 여러분은 이 책의 '나 알기' 물음에 답을 하면서
여러분 자신의 타임캡슐을 만들고 있는 거예요.
이 책의 주인공은 바로 여러분이에요!

Day. 211

나는 일주일 중에 무슨 요일을 가장 좋아할까?
내가 그 요일을 좋아하는 까닭은 뭘까?

Day. 212

지금까지 나의 행동 중에서
용감했던 행동 세 가지는 뭘까?

Day. 213

내가 친구들과 가장 가고 싶은 곳은 어디일까?
내가 그곳에 가고 싶은 까닭은 뭘까?

Day. 214

지금까지 나의 행동 중에서
부끄러웠던 행동 세 가지는 뭘까?

Day. 215

나는 일주일 중에 무슨 요일을 가장 싫어할까?
내가 그 요일을 싫어하는 까닭은 뭘까?

Day. 216

내가 잠을 자면서 꾼 꿈 중에서
가장 나쁜 꿈은 뭐였을까?

Day. 217

내가 선생님 심부름 중에서
가장 하고 싶은 것은 뭘까?

Day. 218

만약 내가 내 이름을 좋아한다면, 그 까닭은 뭘까?
만약 내가 내 이름을 싫어한다면, 그 까닭은 뭘까?
만약 내가 내 이름을 바꿀 수 있다면, 무엇으로 바꾸면 좋을까?

Day. 219

내가 가장 운영하고 싶은 가게(장난감 가게, 옷 가게, 식당…)는 뭘까?
내가 그 가게를 운영하고 싶은 까닭은 뭘까?

Day. 220

요즈음 나를 즐겁게 하는 것 세 가지는 뭘까?

Day. 221

내가 가장 만나고 싶은 역사 속의 위인은 누구일까?
내가 그 위인을 만나고 싶은 까닭은 뭘까?

Day. 222

요즈음 내가 걱정하는 것 세 가지는 뭘까?

만약 내 키가 지금보다 더 크길 바란다면, 그 까닭은 뭘까?
만약 내 키가 지금보다 더 작길 바란다면, 그 까닭은 뭘까?

내가 가장 쉽게 여기는 교과목은 뭘까?
내가 그 교과목을 쉽게 여기는 까닭은 뭘까?

내가 외톨이가 되었다고 느낄 때는 언제일까?
내가 외톨이가 되었다고 느낄 때, 무엇을 하면 좋을까?

Day. 226

최근에 내가 다른 사람에게
도움을 준 일 세 가지는 뭘까?

Day. 227

만약 나에게 갑자기 5만 원이 생긴다면,
가장 하고 싶은 일은 뭘까?
내가 그 일을 하고 싶은 까닭은 뭘까?

Day. 228

나는 산과 바다 중에서 어느 곳을 더 좋아할까?
내가 그곳을 더 좋아하는 까닭은 뭘까?

Day. 229

만약 내가 갑자기 3일 동안 야영 생활을 해야 한다면,
꼭 챙겨야 할 물건 세 가지는 뭘까?
내가 그 물건들을 챙겨야 하는 까닭은 뭘까?

Day. 230

만약 내가 여행을 좋아한다면, 그 까닭은 뭘까?
만약 내가 여행을 싫어한다면, 그 까닭은 뭘까?

Day. 231

모든 일에 자신감이 없는 친구를 위해
내가 할 수 있는 일은 뭘까?

Day. 232

만약 내가 요리사와 화가 중에서
하나를 나의 직업으로 삼아야 한다면,
무엇을 선택하는 게 좋을까?
내가 그것을 선택한 까닭은 뭘까?

Day. 233

이 세상에서 어린이가 겪는 일 중에
가장 힘든 일은 뭘까?

Day. 234

만약 나에게 고민거리가 생긴다면,
가장 먼저 누구에게 조언을 구하고 싶을까?
내가 그 사람에게 조언을 구하고 싶은 까닭은 뭘까?

Day. 235

내가 부모님 심부름 중에서
가장 하고 싶은 것은 뭘까?
그 심부름을 하고 싶은 까닭은 뭘까?

Day. 236

만약 내가 이야기를 쓰는 작가라면,
가장 쓰고 싶은 이야기(웃기는, 공포, 모험, 추리…)는 뭘까?
내가 그 이야기를 쓰고 싶은 까닭은 뭘까?

Day. 237

내가 잠을 자면서 꾼 꿈 중에서
가장 무서운 꿈은 뭐였을까?

Day. 238

내가 가장 친하게 지내고 싶은 사람은 누구일까?
내가 그 사람과 친하게 지내고 싶은 까닭은 뭘까?

Day. 239

나의 학교생활이 만족스럽다면, 그 까닭은 뭘까?
나의 학교생활이 만족스럽지 못하다면, 그 까닭은 뭘까?

Day. 240

내가 가장 좋아하는 학교 선생님은 누구일까?
내가 그 선생님을 좋아하는 까닭은 뭘까?

질문과 함께하는 성장형 사고방식 ⑧

실수 이겨내기

실수는 실패가 아냐

완벽한 사람은 없어요. 제아무리 똑똑하고 훌륭한 사람도 실수를 하기 마련이죠. 누구나 하는 이런 실수를 어른들은 마치 큰 잘못이라도 저지른 것처럼 대하기도 해요. 그러다 보니 어린이들이 실수를 부끄럽게 생각하고 실수가 두려워 어렵지 않은 일에 도전하지 않기도 해요.

실수하지 않는 사람은 세상에 없어요. 우리가 아는 위대한 인물들도 예외 없이 숱한 실수를 했어요. 그들은 실수에도 불구하고 실수를 부끄럽거나 두렵게 여기지 않았어요. 그리고 실수에서 배우며 끝내 성공에 이르렀죠. 실수를 거듭하며 배우고 깨달아 성공에 다다를 수 있었던 거예요.

실수는 실패를 의미하지 않아요. 실수를 두려워하는 건 한번의 실수를 실패로 생각하기 때문이에요. 물론 실패라고 해서 다 나쁜 건 아니에요. 실패 역시도 두려워할 이유는 없어요. 실패를 딛고 성공에 도달하기 때문이에요. 성공을 위해서는 실패도 오히려 도움이 되는 법인데 실수를 부끄러워할 필요가 없어요.

세상에는 실수하지 않는 사람은 없어요. 실수를 두려워하는 사람과 두려워하지 않는 사람이 있을 뿐이에요. 중요한 것은 실수를 하더라도 그 실수에서 배우는 거예요. 실수를 하면 몸과 마음으로 배울 수 있어요. 실수를 통해 배우는 것만큼 큰 배움은 없어요. 발전과 성장은 자기가 배우는 만큼 이뤄지는 거예요.

실수를 두려워하지 마세요. 부끄럽다고 여기지도 마세요. 실수해도 괜찮다고 생각하며 도전하세요. 그렇게 도전해서 실수하더라도 그 실수는 여러분을 한 뼘 더 성장하게 해요. 도전해서 실수한 사람은 아무것도 시도하지 않아 실수가 없는 사람보다 오히려 한 걸음 더 앞으로 나가 있을 거예요.

실수에도 좌절하지 않는 마음 키우기

실수는 부끄러워하거나 두려워할 이유가 없다고 했어요. 실수가 오히려 성장하게 한다고도 했어요. 그렇더라도 실수가 반가운 일은 아니에요. 실수하지 않기 위해 노력을 다했는데 결과가 실패라면 절망감이 클 수밖에 없어요. 실수하고 이런 절망감이 들더라도 이를 이겨내야 해요. 그래야 그 실수를 딛고 한 걸음 더 나아갈 수 있어요.

실수했을 때 드는 마음의 절망감을 다음의 방법으로 극복해 보세요.

- **좌절감이 들면 먼저 숨을 깊게 쉬어보세요.**

깊은 호흡은 마음을 안정되게 하는 효과가 있어요. 몇 차례 심호흡으로도 진정이 안 되면 힘껏 소리라도 질러 보세요. 차츰 마음이 차분해지고 안정될 거예요.

- **마음이 안정되면 좌절감이 드는 이유를 생각해 보세요.**

실수한 게 부끄러울 수도 있고 질책을 들을까 겁나기 때문일 수도 있어요. 이런 이유가 찾아지면 크게 좌절할 만한 일이 아니란 걸 알 수 있어요.

• **다음은 실수한 까닭을 찾아보세요.**

한순간의 부주의일 수도 있고 계획이 잘못됐을 수도 있어요. 실수의 이유를 찾고 나면 한결 마음이 편안해지고 실수하지 않을 수도 있었다는 사실을 배울 수 있어요.

• **실수하지 않을 수도 있었다는 사실을 알았다면 반성하는 마음이 필요해요.**

반성하는 마음으로 다시는 실수하지 않는다는 자신감을 품고 실수를 기록하세요. 그리고 다음 도전을 계획하세요.

• **다음 도전에 성공한 자신의 모습을 상상해 보세요.**

이런 상상만으로도 어느새 좌절감은 사라지고 실수를 통해 한 뼘 더 자란 자신을 만날 수 있어요.

누군가를 열렬히 좋아한다면 어떻게 해야 할까?

만약에 내가 매력적이고 멋진 누군가를 열렬히 좋아한다면, 어떻게 해야 할까요?

내가 학생 A를 열렬히 좋아한다면,

- 나는 A에게 다정한 목소리로 "안녕"이라고 말해야 한다.
- 나는 A와 친구가 되어야 한다.
- 나는 A에게 문자 메시지를 보내도 되는지 물어보아야 한다.
- 나는 A에게 전화해도 되는지 물어보아야 한다.

학생 A가 나에게 호감을 표시하지 않는다면, 나는 A에게 집착해선 안 돼요.

- A를 졸졸 따라다니지 않기
- A에게 편지 보내지 않기
- 다른 아이들에게 A를 좋아한다고 말하지 않기
- A를 좋아한다고 소문내지 않기
- A를 난처하게 하지 않기
- A에게 너무 가까이 다가가지 않기

어떤 아이가 나에게 'A를 좋아하는지' 묻는다면, 나는 다음과 같이 말할 수 있어요.

"나는 A를 편안한 친구로 여기고 있어."

"A는 다정한 아이야. 너도 A와 함께 있으면 A가 다정한 아이라는 걸 느낄 수 있을 거야."

♥ 기억하기 : 내가 정말로 누군가를 좋아한다면, 먼저 그 누군가와 편안한 친구 관계를 맺어야 한다.

만약 여러분이 힘겹고 불편한 상황을 받아들이지 못한다면,
여러분에겐 성장도 변화도 배움도 없을 거예요.

소설 작가
제이슨 레이놀즈(Jason Reynolds)

'나 알기' 물음에 대한 여러분의 대답은
여러분 자신에 관한 소중한 기록이 될 거예요.
이 책의 주인공은 바로 여러분이에요!

Day. 241

만약 내가 빨리 어른이 되고 싶다면, 그 까닭은 뭘까?
만약 내가 어른이 되고 싶지 않다면, 그 까닭은 뭘까?

Day. 242

만약 학교가 오늘 갑자기 쉰다면,
나는 무엇을 해야 할까?
내가 그것을 해야 하는 까닭은 뭘까?

Day. 243

내가 학교에서 꼭 하고 싶은 취미 활동 세 가지는 뭘까?

Day. 244

만약 내가 학교 이름을 바꿀 수 있다면,
무엇으로 바꾸면 좋을까?
내가 학교 이름을 그렇게 정한 까닭은 뭘까?

Day. 245

겨울철에 내가 가장 즐기는 운동은 뭘까?
내가 그 운동을 즐기는 까닭은 뭘까?

Day. 246

만약 내가 사랑받는 아이라고 느낀다면, 그 까닭은 뭘까?
만약 내가 미움받는 아이라고 느낀다면, 그 까닭은 뭘까?

Day. 247

만약 내가 내일 아침에 사자로 변한다면,
오늘 저녁에 내가 해야 할 일 세 가지는 뭘까?

Day. 248

만약 내가 현장학습을 위해
동물원과 식물원 중에서 하나를 선택해야 한다면,
나는 어느 곳을 선택해야 할까?
내가 그곳을 선택한 까닭은 뭘까?

Day. 249

내 마음을 설레게 하는 것 세 가지는 뭘까?

Day 250

나에게 가장 고마운 사람은 누구일까?
내가 그 사람에게 고마움을 느끼는 까닭은 뭘까?

내가 겨울방학 때 무엇을 하면 행복할까?

하루를 즐겁게 보내기 위해
내가 할 수 있는 일 세 가지는 뭘까?

Day. 253

나는 누구에게 질투심을 느낄까?
내가 그 사람에게 질투심을 느끼는 까닭은 뭘까?

Day. 254

만약 내가 내 친구를 형제로 삼을 수 있다면,
내 친구 중에 누구를 형제로 삼으면 좋을까?
내가 그 친구를 형제로 삼고 싶은 까닭은 뭘까?

Day. 255

내가 가족에게 바라는 점 세 가지는 뭘까?

Day. 256

나에게 가장 친절한 사람은 누구일까?
그 사람의 친절한 행동 세 가지는 뭘까?

Day. 257

내가 가장 좋아하는 분식(밀가루로 만든 음식)은 뭘까?
내가 그 음식을 좋아하는 까닭은 뭘까?

Day. 258

요즈음 나를 힘들게 하는 일 세 가지는 뭘까?

Day. 259

자연재해(태풍, 가뭄, 홍수, 지진, 화산 폭발, 해일…) 중에서,
내가 가장 해결하고 싶은 것은 뭘까?
내가 그것을 해결하고 싶은 까닭은 뭘까?

Day. 260

오늘 내가 한 일 중에서
가장 보람 있었던 일은 뭘까?

Day. 261

나 자신을 대표하는 세 개의 낱말은 뭘까?
(예) 이순신 장군 = 나라 사랑 + 용기 + 거북선

오늘 하루 동안 내 마음에서
두려움이 완전히 사라진다면,
내가 하고 싶은 일 세 가지는 뭘까?

내가 가장 좋아하는 색깔은 뭘까?
내가 그 색깔을 좋아하는 까닭은 뭘까?

만약 내가 혼자 시간을 보내길 좋아한다면, 그 까닭은 뭘까?
만약 내가 친구들과 함께 시간을 보내길 좋아한다면, 그 까닭은 뭘까?

Day. 265

만약 내가 동물원에 가길 좋아한다면, 그 까닭은 뭘까?
만약 내가 박물관에 가길 좋아한다면, 그 까닭은 뭘까?

Day. 266

만약 내가 마법의 힘을 지니고 있다면,
친구들을 위해 내가 하고 싶은 일 세 가지는 뭘까?

Day. 267

만약 내가 물속에서 숨을 쉴 수 있다면,
가장 먼저 하고 싶은 일은 뭘까?
내가 그 일을 하고 싶은 까닭은 뭘까?

Day. 268

만약 내가 지진의 피해를 다루고 있는
영화(도로와 건물이 흔들리는 장면) 속으로 들어갈 수 있다면,
지진의 피해를 줄이기 위해 내가 해야 할 일 세 가지는 뭘까?

Day. 269

오늘 내가 행복하다면, 그 까닭은 뭘까?
오늘 내가 행복하지 않다면, 그 까닭은 뭘까?

Day. 270

내가 하고 싶은 '엉뚱한 행동' 세 가지는 뭘까?

질문과 함께하는 성장형 사고방식 ⑨

문제 해결

어렵지 않은 문제 해결

사람은 누구나 살아가면서 수많은 문제를 맞닥뜨리게 돼요. 어린이라고 해서 예외가 아니에요. 어린이라면 공부나 가족, 친구 관계에서 발생한 문제는 물론 건강이나 생활습관의 문제 등 많고 많아요.

피할 수 없는 문제가 발생하면 이를 대하는 방식은 사람에 따라 달라요. 크게 문제 자체를 회피하려는 사람들과 문제를 정면으로 맞서 해결하려는 사람들로 나뉘어요.

회피하려는 사람들은 이미 문제가 벌어졌는데 회피하려고만 해요. 문제를 그대로 두면 저절로 해결될까요? 절대 그렇지 않아요. 문제를 그대로 두고 피한다면 문제는 더 커지고 복잡해져요. 해결하기가 점점 어려워질 수밖에 없어요.

정면으로 맞서 해결하려는 사람들은 문제가 발생하면 해결을 어려운 일로 생각하지 않아요. 자기 힘으로 해결할 수 있다고 생각해요. 이런 생각으로 문제의 원인을 찾고 해결책을 찾아내려 해요.

어떻게 하는 게 바람직할까요? 문제를 회피하면 해결되기는커녕 문제가 더 커지고 해결이 더 어려워진다고 했어요. 그렇다면 문제를 피하려 하기보다는 문제에 정면으로 맞서 빠르게 해결책을 찾아야 해요. 빠르게 대응한다면 해결도 쉽고 간단할 수 있어요.

어쩌면 문제는 해결하라고 있는지도 몰라요. 어떤 문제이든 해결책이 있기 마련이니까요. 문제를 피하려는 건 충분히 해결책을 찾을 수 있는데도 해결이 어렵다고 생각하기 때문이에요. 그 마음만 바꾼다면 어떤 문제이든 해결의 열쇠를 찾을 수 있어요.

어린이 여러분은 어떤 문제이든 해결책을 찾는 게 어렵지도 않고, 스스로 힘으로 해결할 수 있다고 생각하세요. 이런 생각이 여러분의 마음을 쑥쑥 자라게 해요. 그러면서 어떤 문제이든 척척 해결하는 문제 해결자로 성장할 수 있어요. 훌륭한 사람으로 평가받는 사람 모두가 이런 문제 해결자들이에요.

문제 해결력 키우기

• 문제 발생을 두려워하지 마세요.

문제 발생을 두려워한다면 아무런 시도나 도전을 할 수 없어요. 최선을 다하더라도 문제는 터질 수 있다는 마음으로 다가서고, 어떤 문제라도 해결책이 있다고 생각하면 문제 발생이 두렵지 않아요.

• 문제의 원인을 생각해 보세요.

어떤 문제이든 원인이 있기 마련이에요. 원인을 모르는 채 해결책을 찾기는 어려워요. 문제가 왜 발생했는지 원인을 정확히 찾아낸다면 문제 해결은 어렵지 않아요.

• 포기하지 않고 해결할 수 있다는 자신감이 필요해요.

어려운 문제가 발생하면 자책하면서 될 대로 되라는 식으로 포기하는 마음이 우선 들 수 있어요. 이런 마음은 문제 해결을 어렵게 생각하기 때문이에요. 어떤 문제든 해결책은 있고 막상 해결하려고 나서면 생각했던 만큼 어렵지도 않아요.

• **자신감은 필요하지만 자만감은 버리세요.**

자신감으로 쉽게 해결하는 문제도 있지만 노력과 시간이 필요한 문제도 있어요. 이런 문제를 쉽게만 생각하고 덤볐다가는 오히려 문제 해결이 어려워지고 포기할 수도 있어요. 따라서 문제 해결에는 자신감으로 임하되 신중하게 접근하세요.

• **도움을 요청하세요.**

어떤 문제이든 머리를 맞대면 더 쉽게 해결할 수 있어요. 도움을 줄 사람이 있는데 혼자 힘으로 해결하려고 한다면 문제 해결은 어려울 수밖에 없어요. 도움 요청을 어려워하지 마세요. 대부분 사람은 누군가 도움을 요청하면 외면하지 않아요.

• **문제가 해결되지 않더라도 부정의 마음을 품지 마세요.**

어떤 문제든 해결책이 있지만 쉽게 해결할 수 없는 문제도 있어요. 필요 이상의 노력과 시간이 들어갈 경우 결국 포기하더라도 자신의 능력을 탓한다거나 하는 부정의 마음을 가져서는 안 돼요. 비록 문제 해결을 못 하더라도 이번 문제를 통해 문제를 해결하는 방법을 배웠다고 생각하세요. 그만큼 다음 문제 해결이 쉬워져요.

마음을 키워주는 마음가짐의 기술 10가지 ⑨

화가 날 때 차분한 태도 유지하기

어떤 상황으로 인해 화가 나더라도 그 상황을 해결하기 위해선 차분한 태도를 유지해야 해요. 짜증을 심하게 내거나 이성을 잃게 되면, 내 감정을 온전히 표현할 수 없어요. 만약에 화가 나서 다른 아이들을 밀치거나 때린다면, 이들 역시 화를 낼 것이며 나는 더욱더 난처한 상황에 놓일 수 있어요. 요컨대 차분한 태도를 유지해야만 문제 상황을 해결할 수 있어요.

• 주변 상황으로부터 자극을 받을 때 어떻게 해야 할까요?

화가 날 때는 내 감정을 살펴볼 필요가 있어요.

- 내적 분노를 느낄지도 모른다.
- 목이나 위장에서 신체적 긴장을 느낄지도 모른다.
- 눈앞이 노랗게 보일지도 모른다.
- 심적 고통을 느낄지도 모른다.

분노를 느낄 때는 '차분해질 필요가 있어요.

• 가정에서 차분한 태도를 회복하는 방법

내 방에 들어가기 → 베개 내리치기 → 발 구르기 → 주먹 움켜쥐기 → 코로 숨을 쉬고 입으로 내뱉기 → 서성거리기 → "나는 화가 났어"라고 말하기 → 100부터 거꾸로 세기 → 차분해졌을 때 방에서 나오기

• **학교에서 차분한 태도를 회복하는 방법**

특정한 활동이나 행동 그만두기 → 자리 떠나기 → 숨을 크게 들이쉬기 → 화장실 가기 → 찬물로 세수하기 → 혼자 소리치면서 분노 표출하기 → 100부터 거꾸로 세기 → 차분해졌을 때 화장실에서 나오기

• **친구의 집에서 차분한 태도를 회복하는 방법**

슬며시 화장실에 가기 → 혼자 소리치면서 분노 표출하기 → 발 구르기 → 주먹 움켜쥐기 → 서성거리기 → 코로 숨을 쉬고 입으로 내뱉기 → "나는 화가 났어"라고 말하기 → 100부터 거꾸로 세기 → 차분해졌을 때 화장실에서 나오기

♥ **기억하기 : 화가 날 때 가장 중요한 것은 차분한 태도를 유지하는 것이다. 그래야만 문제 상황을 해결할 수 있다.**

열째 달

여러분은 항상 편안한 생활만을 할 수도 없고
모든 문제를 해결할 수도 없어요.
중요한 것은 여러분이 어떤 상황에서도
희망과 용기를 잃지 않는 거예요.

미국의 전 대통령 부인
미셸 오바마(Michelle Obama)

지금 여러분이 쓰고 있는 '나 알기' 물음에 대한 답은
나중에 훌륭한 읽을거리가 될 거예요.
이 책의 주인공은 바로 여러분이에요!

Day. 271

환경 오염을 줄이기 위해
내가 실천할 수 있는 일 세 가지는 뭘까?

친구의 슬픔을 달래기 위해
내가 할 수 있는 일 세 가지는 뭘까?

Day. 273

건강을 지키기 위해 내가 실천하고 있는 것
세 가지는 뭘까?
건강을 해치는 나의 습관은 뭘까?

Day. 274

만약 외계인이 내 곁에 있다면,
외계인에게 묻고 싶은 것 세 가지는 뭘까?

Day. 275

친구들이 나에게 무슨 말을 하면 내 기분이 좋아질까?
친구들이 나에게 어떤 행동을 하면 내 기분이 좋아질까?

Day. 276

나와 가장 친한 친구가 내 의견을 무시한다면,
내 기분은 어떨까?
나는 그 친구에게 무슨 말을 해야 할까?

Day. 277

내가 학급의 규칙을 지켜야 하는 까닭은 뭘까?
만약 내가 학급의 규칙을 어길 때가 있다면,
그 까닭은 뭘까?

Day. 278

지난주에 나에게 가장 좋았던 일은 뭘까?

Day. 279

만약 배고픈 괴물이 내 앞에 나타났다면,
그 괴물에게 먹이고 싶은 것 다섯 가지는 뭘까?

Day. 280

내가 가장 좋아하는 미술 분야
(그림, 조각, 건축, 공예, 서예 등)는 뭘까?
내가 그 분야를 좋아하는 까닭은 뭘까?

Day. 281

만약 내가 독수리로 변한다면,
가장 먼저 하고 싶은 일은 뭘까?

Day. 282

내가 자신감을 잃어버렸을 때,
자신감을 찾기 위해 내가 한 일은 뭘까?

내가 가장 부러워하는 친구는 누구일까?
내가 그 친구를 부러워하는 까닭은 뭘까?

만약 내가 들꽃이라면,
사람들에게 하고 싶은 말 세 가지는 뭘까?

내가 어른들의 행동 중에서 가장 좋아하는 것은 뭘까?
내가 그 행동을 좋아하는 까닭은 뭘까?

Day. 286

추위를 막는 방법 중에서
내가 가장 좋아하는 방법은 뭘까?
내가 그 방법을 좋아하는 까닭은 뭘까?

Day. 287

만약 내가 유치원 시절로 되돌아가고 싶다면, 그 까닭은 뭘까?
만약 내가 유치원 시절로 되돌아가고 싶지 않다면, 그 까닭은 뭘까?

Day. 288

만약 나의 오늘 하루가 만족스럽다면, 그 까닭은 뭘까?
만약 나의 오늘 하루가 만족스럽지 않다면, 그 까닭은 뭘까?

Day 289

내 마음이 뒤숭숭할 때,
평온함을 찾기 위해 무엇을 하면 좋을까?

Day 290

내가 지금 가장 싫어하는 사람은 누구일까?
내가 그 사람을 싫어하는 까닭은 뭘까?

Day 291

내가 누군가를 미워하면, 내 기분은 어떨까?
내 마음속에서 일어나는
미움을 없애기 위해 무엇을 하면 좋을까?

Day. 292

내가 가족들과 잘 지낸다면, 그 까닭은 뭘까?
내가 가족들과 잘 지내지 못한다면, 그 까닭은 뭘까?

Day. 293

만약 내가 타조와 같은 시력
(멀리 볼 수 있는 능력)을 갖길 바란다면,
그 까닭은 뭘까?

Day. 294

만약 내가 질퍽한 갯벌 위를 걷길 좋아한다면, 그 까닭은 뭘까?
만약 내가 포슬포슬한 모래 위를 걷길 좋아한다면, 그 까닭은 뭘까?

Day. 295

내가 행복했던 일을 글로 쓴다면, 글의 제목은 무엇으로 하면 좋을까?
내가 슬펐던 일을 글로 쓴다면, 글의 제목은 무엇으로 하면 좋을까?

Day. 296

요즈음 나의 행동 중에서 가장 자랑스러운 행동은 뭘까?
요즈음 나의 행동 중에서 가장 부끄러운 행동은 뭘까?

Day. 297

만약 내가 놀랍고 특별한 일을 겪길 바란다면, 그 까닭은 뭘까?
만약 내가 평범한 일을 겪길 바란다면, 그 까닭은 뭘까?

Day. 298

내가 어른이 되었을 때,
가장 피하고 싶은 직업은 뭘까?
내가 그 직업을 피하고 싶은 까닭은 뭘까?

Day. 299

내가 지금 사는 곳에서 계속 살길 바란다면, 그 까닭은 뭘까?
내가 다른 곳으로 이사하길 바란다면, 그 까닭은 뭘까?

Day. 300

내가 우울할 때 혼자 있길 바란다면, 그 까닭은 뭘까?
내가 우울할 때 친구들과 함께 있길 바란다면, 그 까닭은 뭘까?

질문과 함께하는 성장형 사고방식 ⑩

목표

왜 목표가 중요할까?

사람이 동물과 다른 점 중 하나는 목표가 있다는 점이에요. 사람은 동물과 달리 자기가 해야 할 목표를 세우고 그 목표를 이루려고 노력해요. 목표를 이루려고 공부하고 운동하며 힘들어도 참을 줄 알아요. 하지만 동물은 이런 목표가 없어요. 본능에 따라 움직일 뿐이에요.

인간이 오늘날 훌륭한 문명을 이룩한 것은 목표를 세우고 그 목표를 이루려 노력한 사실 때문이라는 것을 무시할 수 없어요. 특히 역사에 큰 업적을 남긴 사람들은 누구보다 목표가 명확했고 목표 달성을 위해 수많은 땀과 눈물을 쏟았어요.

목표는 바로 해야 할 일, 하고 싶은 일, 이루고 싶은 일을 보다 구체적으로 정하는 일이에요. 지구의 심각한 환경 오염을 막기 위해 일회용품 사용을 줄이는 게 해야 할 일이라고 생각한다면, 이를 위해 종이컵 하나라도 덜 쓰겠다는 마음이 목표예요. 만약 지구의 온난화 문제를 해결할 과학자가 꿈이라면, 그런 과학자가 되기 위해 열심히 공부하겠다는 각오도 목표예요.

목표가 없으면 어떻게 될까요? 의미도 없고 재미도 없는 지루한 시간의 연속일 뿐이에요. 여행을 가기로 하고 여행지를 제주도로 정했다면 제주도가 여행 목적지에요. 그런데 여행한다면서 목적지가 없다면 그건 여행이 아니라 떠도는 일이에요.

사람은 목표를 세우고 목표를 향해 나아가며 삶의 의미와 즐거움을 찾아요. 목표를 향해 노력해서 끝내 목표를 달성한다면 그 기쁨과 성취감은 말로 표현할 수 없어요. 목표는 의미와 기쁨도 주지만 그 자체로 도전하고 실천하는 원동력으로 작용해요. 목표가 있으니 그 목표를 이루기 위해 계획을 세우고 계획에 따라 움직이며 실천을 하게 돼요. 그리고 하나의 목표를 이루면 더 큰 목표를 세우고 계속 나아가게 돼요.

목표를 세운 사람과 목표가 없는 사람이 이룬 성취도를 보더라도 큰 차이가 나요. 성공을 이룬 사람들은 예외 없이 목표의식이 투철하고 목표를 세워 도전했던 사람들이에요.

목표가 없다면 이루기 쉬운 것부터 정하고 이뤄 나가 보세요. 분명히 전과는 다른 자신의 모습에 기쁨이 찾아올 거예요.

목표는 나를 어떻게 달라지게 할까요?

• 계획적으로 생활하도록 하세요.

목표와 계획은 동전의 양면과도 같아요. 목표를 세우고 이루겠다는 마음이 있다면 계획은 따라올 수밖에 없어요. 하나의 계획은 생활 전반에 영향을 미치며 생활 자체가 계획적으로 움직이도록 해요.

• 집중력과 책임감을 키워줘요.

목표가 있으니 그 목표를 이루기 위한 노력과 행동에 집중하게 돼요. 집중을 하면 모든 일을 할 때 더 효율적으로 할 수 있고 성공률도 높여줘요. 사람은 누구나 자신이 해야 할 일이라고 생각하면 이에 대한 책임감이 커지게 돼요.

• **생활이 활기차고 즐거워져요.**

목표가 있는 사람은 눈빛부터 달라요. 해야 할 일이 있으니 그 일을 하기 위해 생각하고 좋은 방법을 찾으니 눈빛이 빛날 수밖에 없어요. 눈빛이 빛나며 할 일을 찾는 건 생활 자체를 활력 있고 즐겁게 만들어줘요.

• **자신감을 키우고 발전하는 사람으로 이끌어줘요.**

목표를 세우고 달성하려면 노력을 기울여야 해요. 목표를 위해 노력을 하는 가운데 많은 점을 배우고 경험할 수 있어요. 이런 배움과 경험이 자신감을 키우고 한 뼘 성장하게 하면서 더욱 발전적인 변화를 이끌어줘요.

• **행복감을 키우고 희망을 꿈꾸게 해요.**

사람은 결국 행복을 위해서 살아요. 진정한 행복은 자기 자신에게 만족하고 지금보다 나은 희망이 보일 때 찾아와요. 희망은 그냥 찾아오지 않아요. 현재 하는 일에 최선을 다하며 목표를 이뤘을 때, 현재의 목표 달성을 발판으로 더 큰 목표를 향해 나아갈 때 희망이 찾아오고 행복감은 커져요.

마음을 키워주는 마음가짐의 기술 10가지 ⑩

자신감이 나타나도록 당당해 보이기

걷거나 서 있을 때 내 몸을 꼿꼿하게 세운 채 자신감 있는 모습을 보여야 해요. 만약에 구부정한 자세를 취하고 있으면 주변 아이들은 나를 초라한 아이로 여기거나 못난이로 간주할 수도 있어요. 내가 당당해 보일 때 아이들은 나를 멋진 아이, 용감한 아이, 자신감 있는 아이 등으로 여길 거예요.

- **자신감을 보여줄 수 있는 몸의 자세에 대해 생각해 봐요.**
  - 몸을 똑바로 세우기, 즉 허리와 어깨를 구부리지 않고 쭉 펴기
  - 걸을 때 옆구리를 살짝 스치면서 두 팔을 앞뒤로 가볍게 흔들기

- **만약에 서 있는 동안 몸을 움직이고 싶다면, 다음과 같이 행동할 수 있어요.**
  - 허벅지 혹은 바지 주머니 위에 두 손 얹기
  - 좌우로 천천히 몸 흔들기
  - 가볍게 손가락 꼼지락거리기
  - 조용하게 발로 바닥 토닥거리기

- **수업 중에는 고개를 들고 교사를 바라보아야 해요.**
  - 손으로 머리를 감싸거나 고개를 숙인다면, 선생님은 나를 학습에 무관심한 아이로 여기거나 나에게 화를 낼지도 몰라요.
  - 고개를 들고 교사를 바라보는 것은 주의 집중에 도움이 돼요.

• **내 모습이 당당해 보일 때 주변 사람들은 나를 다음과 같은 아이로 여길 거예요.**

- 긍정적이고 적극적인 아이
- 친절한 아이
- 강인한 아이
- 건강한 아이
- 호감이 가는 아이
- 매력적인 아이
- 존경스러운 아이
- 자신감 있는 아이

• **내 몸이 구부정해 보일 때 주변 사람들은 나를 다음과 같은 아이로 여길 수 있어요.**

- 겁먹은 아이
- 우울한 아이
- 불안해하는 아이
- 용기 없는 아이
- 지루해하는 아이
- 속상해하는 아이
- 무기력한 아이
- 불행한 아이

♥ 기억하기 : 자신감이 드러나도록 당당한 모습을 보이기.

가족들은 내가 노래를 잘 부르지 못한다는 것을 알고 있어요.
내 목소리는 밝지 않고 탁할 뿐이에요.
하지만 나는 노래를 부를 때 즐거움을 느껴요.
앞으로도 즐거움을 찾기 위해 노래를 부를 거예요.

'Brown Girl Dreaming(꿈꾸는 갈색 소녀)'의 작가
재클린 우드슨(Jacqueline Woodson)

지금 여러분이 쓰고 있는 '나 알기' 물음에 대한 답은
여러분 자신에 대한 훌륭한 기록물이 될 거예요.
미래의 여러분이 지금의 여러분에게 고마워할 거예요.

Day. 301

만약 내가 자동차를 만드는 기술자라면,
추가하고 싶은 기능(비행, 공해 방지, 자율 주행…)
다섯 가지는 뭘까?

Day. 302

만약 내가 아파서 학교에 가지 못한다면,
집에서 해야 할 일 세 가지는 뭘까?

Day. 303

내가 똑똑한 어린이가 되고 싶다면, 그 까닭은 뭘까?
내가 친절한 어린이가 되고 싶다면, 그 까닭은 뭘까?

Day. 304

내가 가장 좋아하는 낱말(희망, 꿈, 행복, 놀이…)은 뭘까?
내가 그 낱말을 좋아하는 까닭은 뭘까?

Day. 305

내가 유치원 시절로 되돌아갈 수 있다면,
꼭 하고 싶은 일은 뭘까?
내가 그 일을 하고 싶은 까닭은 뭘까?

Day. 306

내가 오늘 아침에 잠에서 깨어났을 때,
가장 먼저 무엇을 생각했을까?

Day. 307

만약 내가 점심 도시락을 싼다면,
도시락에 담고 싶은 음식 다섯 가지는 뭘까?

Day. 308

만약 내가 바람이 될 수 있다면,
하고 싶은 일 세 가지는 뭘까?

Day. 309

만약 내가 일주일 동안 무엇이든 할 수 있다면,
가장 하고 싶은 일은 뭘까?
내가 그 일을 하고 싶은 까닭은 뭘까?

Day. 310

만약 내가 30년 후의 나 자신에게 편지를 보낼 수 있다면,
30년 후의 나 자신에게 묻고 싶은 것 세 가지는 뭘까?

Day. 311

만약 내가 1년 동안 노래 한 곡만을 들어야 한다면,
나는 어떤 노래를 선택해야 할까?
내가 그 노래를 선택한 까닭은 뭘까?

Day. 312

만약 내가 1년 동안 동물로 살아야 한다면,
나는 어떤 동물을 선택해야 할까?
내가 그 동물을 선택한 까닭은 뭘까?

Day. 313

만약 실수를 두려워하는 친구가 있다면,
내가 그 친구에게 어떤 조언을 하면 좋을까?

Day. 314

만약 내가 내일 갑자기 노인이 된다면,
오늘 꼭 해야 할 일 세 가지는 뭘까?

Day. 315

지금 내가 감사해야 할 것 다섯 가지는 뭘까?

Day. 316

내 기분을 좋게 하는 냄새 세 가지는 뭘까?

Day. 317

요즈음 내가 바라는 대로 이루어진 일에는 뭐가 있을까?

Day. 318

만약 내가 사람을 웃기는 재능을 가지고 있다면,
가장 먼저 누구를 웃겨야 할까?
내가 그 사람을 웃겨야 하는 까닭은 뭘까?

Day. 319

내가 가장 좋아하는 교과목은 뭘까?
내가 그 교과목을 좋아하는 까닭은 뭘까?

Day. 320

만약 내가 모험 이야기를 좋아한다면, 그 까닭은 뭘까?
만약 내가 모험 이야기를 좋아하지 않는다면, 그 까닭은 뭘까?

Day. 321

내가 한 일 중에서 다시는 하고 싶지 않은 일은 뭘까?
내가 그 일을 하고 싶지 않은 까닭은 뭘까?

Day. 322

내 친구의 생일일 때,
내가 친구에게 선물을 만들어 주는 것을 좋아한다면, 그 까닭은 뭘까?
내가 친구에게 선물을 사서 주는 것을 좋아한다면, 그 까닭은 뭘까?

Day. 323

만약 내가 늙지 않고 지금의 나이로 계속 살아야 한다면,
가장 좋은 점은 뭘까? 그리고 가장 좋지 않은 점은 뭘까?

Day. 324

내가 가장 잘 알고 있는 친구의 특별한 점 세 가지는 뭘까?

Day. 325

내가 꿈에서라도 가 보고 싶은 나라는 어디일까?
내가 그 나라에 가 보고 싶은 까닭은 뭘까?

Day. 326

내가 사는 집을 아름답게 꾸미기 위해,
집 안에 두고 싶은 것 다섯 가지는 뭘까?

Day. 327

내가 학교에서 가장 하고 싶은 스포츠 동아리는 뭘까?
내가 그 동아리를 하고 싶은 까닭은 뭘까?

Day 328

책이나 영화 속 인물 중에서
내가 친구로 삼고 싶은 인물은 누구일까?
내가 그 인물을 친구로 삼고 싶은 까닭은 뭘까?

Day 329

내가 가장 만나고 싶은 가수는 누구일까?
내가 그 가수에게 묻고 싶은 질문 세 가지는 뭘까?

Day 330

내가 어른이 되어서
꼭 하고 싶은 일 다섯 가지는 뭘까?

질문과 함께하는 성장형 사고방식 ⑪

계획 세우기

계획을 왜 세울까?

배가 항해를 하고 비행기가 운항을 하려면 도착 지점이 있어야 해요. 도착지도 없이 출발할 수는 없어요. 배나 비행기의 도착지는 바로 목표예요. 목표, 즉 도착지에 안전하게 다다르기 위해서는 계획을 세워야 해요.

기상 상태를 살펴서 언제 출발하고 어떤 항로를 선택하여 언제 목표 지점에 도착할지를 결정하는 게 바로 계획을 세우는 일이에요. 그런 계획도 없이 무작정 출발했다가는 목적지에 도착하기가 힘들어요. 계획한 항로도 없이 갔다가는 언제 도착할지도 모르고 갑자기 태풍을 만나 사고가 날 수도 있어요.

계획은 목표에 도달하기 위한 최고의 방법이에요. 목표를 향해 나아가는 데 도움이 되거나 방해되는 것들을 미리 파악하는 일이 계획이죠. 계획을 통해 도움이 되는 여러 가지 필요한 것을 준비하고, 가로막는 것들에 대한 대책을 세움으로써 목표 달성이 이루어질 수 있어요.

계획은 이처럼 목표 달성을 위해 절대적으로 필요해요. 이런데도 아무런 계획 없이 목표를 세우는 건 목표를 이루지 않겠다는 것과 다름없어요. 이런 목표는 굳이 세울 필요가 없어요. 목표는 도전하여 이루려고 세우는 것이니까요.

어린이 여러분이 어떤 일을 잘하겠다거나 꿈을 꾸는 것도 마찬가지예요. 새로운 일에 도전하고 꿈을 꾸는 건 훌륭하지만 그 꿈과 함께 계획을 잘 세워야 해요. 아무리 거창한 꿈을 꾸더라도 그 꿈을 이루는 구체적인 계획이 없다면 그건 헛된 꿈일 뿐이에요.

여러분의 꿈을 소중히 여긴다면 꿈을 향해 가는 계획도 소중해요. 멋진 꿈을 꾸세요. 그 꿈을 이룰 계획만 잘 세운다면 어떤 꿈이든 이룰 수 있어요.

계획 어떻게 세울까?

• 계획은 목표를 위한 것인 만큼 목표가 잘 세워졌는지 확인하세요.

목표는 중요하지만 자신에게 맞는 목표를 세우는 게 중요해요. 목표가 알맞을 때 계획을 제대로 세우고 목표에 도달할 수 있어요. 어린이가 큰돈을 벌겠다는 목표를 세운다면 이는 알맞은 목표가 아니에요. 이런 목표를 두고 계획을 세울 수는 없어요.

• 목표 달성에 필요한 것과 방해되는 요소를 체크하세요.

어떤 목표이든 달성 과정에는 준비하고 필요한 것들이 있고 방해하는 요소들도 있어요. 이러한 것들을 체크하는 것은 계획을 세우는 데 꼭 필요한 일이에요.

• 목표를 향해 가더라도 단계별 계획을 세우세요.

산 정상이 목표라고 할 때 정상까지 한걸음에 가는 건 쉽지도 않고, 그랬다간 지쳐서 중간에 포기할 수도 있어요. 정상이 해발 1,000미터인 산을 오른다면 자기 체력에 맞게 200미터 단위로 구간을 나누어 쉰다거나 하는 게 단계별 계획이에요. 단계별로 계획을 세워 하나씩 이뤄가면 목표 달성도 쉽고 그에 따른 성취감도 커지게 돼요.

• 현재 세운 목표 전에 도전했던 목표의 계획을 확인하세요.

그때 계획을 살펴보면서 성공했다면 잘된 점은 무엇인지 확인하고 되살리세요. 만약 실패했다면 계획에서 어떤 점이 문제가 있었는지를 짚어보고 문제가 반복되지 않도록 하세요.

• 주변에 도움을 구하고 필요한 정보를 찾으세요.

혼자만의 힘보다는 주변에 자신의 목표를 알리고 도움을 받는다면 더 빈틈없는 계획을 세울 수 있어요. 또 책이나 검색 등을 통해 자신이 모르는 정보를 찾아 계획에 반영한다면 목표 달성이 쉬울 수 있어요.

열두째 날

여러분은 모두 나름대로 고유한 가치를 가지고 태어났어요.
어서 빨리 여러분의 가치를 보여 주세요.

영화배우
그레이스 바이어스(Grace Byers)

여러분은 지금까지 잘해 왔어요.
이 책의 '나 알기' 물음에 답을 하면서
여러분 자신에 대해 새로운 것을 많이 알게 되었을 거예요.

Day 331

만약 내가 평생 한 가지 색깔의 옷만 입어야 한다면,
어떤 색깔의 옷을 입는 게 좋을까? 내가 그 색깔을 고른 까닭은 뭘까?

Day 332

내가 부모님에게서 듣고 싶은 말 세 가지는 뭘까?

Day 333

만약 내가 행복을 느낄 때마다 동물이 될 수 있다면,
가장 되고 싶은 동물은 뭘까?
그 동물이 되고 싶은 까닭은 뭘까?

Day. 334

내가 어른이 되어 1인승 자동차를 운전하고 싶다면, 그 까닭은 뭘까?
내가 어른이 되어 다인승 자동차를 운전하고 싶다면, 그 까닭은 뭘까?

Day. 335

내가 어른이 되어 행복하게 살기 위해,
지금부터 준비해야 할 것 다섯 가지는 뭘까?

Day. 336

만약 내가 30일 동안 한 가지 음식만 먹어야 한다면,
어떤 음식을 먹는 게 좋을까?
내가 그 음식을 고른 까닭은 뭘까?

Day 337

만약 내가 집에서 멀리 떨어진 곳에 혼자 있다면, 내 기분은 어떨까?
내가 그곳에서 집으로 돌아가고 싶지 않다면, 그 까닭은 뭘까?
내가 그곳에서 집으로 빨리 돌아가고 싶다면, 그 까닭은 뭘까?

Day 338

내가 어른들에게 꼭 하고 싶은 충고 세 가지는 뭘까?

Day 339

내가 여행을 가서 방을 혼자 쓰고 싶다면, 그 까닭은 뭘까?
내가 여행을 가서 방을 여러 사람과 함께 쓰고 싶다면, 그 까닭은 뭘까?

Day. 340

내가 어른이 되었을 때, 교사가 되고 싶다면 그 까닭은 뭘까?
내가 어른이 되었을 때, 교사가 되고 싶지 않다면 그 까닭은 뭘까?

Day. 341

날씨가 포근할 때 내가 가장 하고 싶은 일은 뭘까?
내가 그 일을 하고 싶은 까닭은 뭘까?

Day. 342

내 성격은 내향적일까, 아니면 외향적일까?
내 성격의 좋은 점은 뭘까?

내 생일날에 멋진 식당에서 식사하길 바란다면, 그 까닭은 뭘까?
내 생일날에 집에서 식사하길 바란다면, 그 까닭은 뭘까?

만약 내가 나무의 잎이 되고 싶다면, 그 까닭은 뭘까?
만약 내가 나무의 꽃이 되고 싶다면, 그 까닭은 뭘까?

만약 내가 부모라면,
좋은 부모가 되기 위해 노력해야 할 점 세 가지는 뭘까?

Day. 346

더위를 식히는 방법 중에서 내가 가장 좋아하는 방법은 뭘까?
내가 그 방법을 좋아하는 까닭은 뭘까?

Day. 347

만약 내가 복권 1등에 당첨된다면,
가장 먼저 하고 싶은 일은 뭘까?
내가 그 일을 하고 싶은 까닭은 뭘까?

Day. 348

올해 학년의 첫째 날에 내 기분은 어땠을까?
내가 그런 기분을 느낀 까닭은 뭘까?

Day. 349

지금까지 내가 겪은 일 중에서 평생 기억하고 싶은 일은 뭘까?
내가 그 일을 기억하고 싶은 까닭은 뭘까?

Day. 350

나의 습관 중에서 버리고 싶은 습관은 뭘까?
내가 꼭 가지고 싶은 습관은 뭘까?

Day. 351

학교 수업을 마치고 나서
내가 주로 하는 일 세 가지는 뭘까?

Day. 352

내 방에 꼭 두고 싶은 물건은 뭘까?
내가 그 물건을 두고 싶은 까닭은 뭘까?

Day. 353

만약 내가 사는 고장의 이름을 바꿀 수 있다면,
무엇으로 바꾸면 좋을까?
내가 고장의 이름을 그렇게 정한 까닭은 뭘까?

Day. 354

지금 나 자신에게 하고 싶은 말 세 가지는 뭘까?

누군가가 나를 화나게 하는 행동을 할 때,
내가 해야 할 말과 행동은 뭘까?

내 마음을 행복하게 하는 노래 세 곡은 뭘까?

만약 내가 반려동물을 기르고 있다면,
그 동물에게 기쁨을 주기 위해 내가 할 수 있는 일 세 가지는 뭘까?

Day. 358

나랑 단둘이 여행하고 싶은 사람은 누구일까?
내가 그 사람과 여행하고 싶은 까닭은 뭘까?

Day. 359

만약 내가 여름 풍경을 그리기 위해 한 가지 색만을 사용해야 한다면,
무슨 색을 사용하면 좋을까?
내가 그 색을 고른 까닭은 뭘까?

Day. 360

만약 나에게 인공 지능을 가진 로봇이 있다면,
내가 그 로봇에게 시키고 싶은 일 다섯 가지는 뭘까?

Day. 361

만약 동물이 사람의 말을 할 수 있다면,
내가 가장 먼저 이야기를 나누고 싶은 동물은 뭘까?
내가 그 동물과 이야기를 나누고 싶은 까닭은 뭘까?

Day. 362

내가 가장 좋아하는 계절은 뭘까?
내가 그 계절을 좋아하는 까닭은 뭘까?

Day. 363

걱정이 많은 친구를 위해
내가 해줄 수 있는 조언 세 가지는 뭘까?

Day. 364

만약 내가 이 세상에서 가장 똑똑한 사람이라면,
세상을 위해 내가 할 수 있는 일 세 가지는 뭘까?

Day. 365

만약 내 꿈이 대통령이 되는 것이라면,
앞으로 내가 갖추어야 할 능력 세 가지는 뭘까?

마무리

나의 행복을 위한 열쇠는 뭘까?

이 책을 마무리하면서

『마음을 키워주는 마법의 질문 365』 이 책 여행을 마친 여러분에게 진심으로 박수를 보내고 싶어요.

여러분은 여러분 자신을 탐구하면서 즐거움을 느꼈나요? 여러분은 이 책의 '나 알기' 물음에 답을 하면서 여러분 자신과 자신의 삶을 진심으로 이해했나요?

이 책을 완성한 여러분이 정말 자랑스러워요. 여러분이 완성한 이 책을 친구나 가족에게 보여 주고, 타임캡슐에 보관하세요. 먼 훗날에 여러분의 행복한 추억거리가 되어 있을거예요.

이 세상에서 여러분과 똑같은 사람은 아무도 없어요.

여러분 자신을 사랑하고, 여러분 자신에게 감사하세요.

여러분은 지금까지 너무 잘해 왔어요.
이 책은 여러분이 미래의 여러분에게 주는
선물과도 같아요.

◎ 이 책에는 Firefly로 만들어진 AI 이미지가 활용되었습니다.

Question a Day Journal for Kids by Mary Anne Kochenderfer

마음을 키워주는 마법의 질문 365

펴낸날 2024년 11월 5일

지은이 MaryAnne Kochenderfer
옮긴이 안찬성
펴낸이 주계수 | **편집책임** 이슬기 | **꾸민이** 이슬기

펴낸곳 고래책빵 | **출판등록** 제 2018-000141 호
주소 서울시 마포구 양화로 156 LG팰리스빌딩 917호
전화 02-6925-0370 | **팩스** 02-6925-0380
홈페이지 www.bobbook.co.kr | **이메일** bobbook@hanmail.net

ISBN 979-11-7272-012-4 (73190)